말 펑펑!

4개국어 여행회화

김인현, 김정구, 한증덕 지음

 박문사

머리말

　21세기의 세계화·국제화 시대에 필수 불가결한 한국어, 영어, 일본어, 중국어를 여행지에서 술술 구사할 수 있도록, 일상생활에서 가장 많이 사용하는 1,000개의 중요 표현과 필수 어휘를 알기 쉽게 총정리하였습니다.

　실생활에서 꼭 알아야 하는 13가지 테마(인사, 소개, 시간, 날씨, 전화, 교통, 취미, 스포츠, 쇼핑, 호텔, 관광, 병원, 기타)를 선정하여 각 파트별로 한눈에 볼 수 있도록 정리하였으며, 그 외에 4개국어 기본 회화와 중요 단어, 필수단어를 수록하여 여행에 만전을 기할 수 있도록 했습니다.

　또한 각 나라의 지도와 일반 상식, 알아두면 좋은 여행 준비물, 출입국 카드 쓰는 법 등 해외여행을 떠날 때 도움이 되는 정보도 수록하였습니다.

　'말 펑펑! 4개국어 여행회화'는 작고 가벼워 여행지에서 휴대하기 쉬운 책으로, 여러분의 든든한 길잡이가 되어줄 것입니다.

이 책의 특징

1. 한국어, 영어, 일본어, 중국어의 4개 국어 기본회화를 1시간에 끝냅니다.

2. 최소의 시간으로 최대의 효과를 확실하게 얻을 수 있는 여행회화 책입니다.

3. 매일 1시간씩 1주일만 반복연습하면, 술술 4개 국어를 말 할 수 있습니다.

4. 기본회화와 해외여행에 꼭 필요한 중요표현과 필수단어로 엮었습니다.

5. 한국어, 영어, 일본어, 중국어의 중요표현을 1시간에 완성합니다.

(본서의 MP3 음원은 David Shaffer, 青木祐子, 韓增德, 金仁炫 교수님들의 음성으로 녹음되었습니다.)

목 차

Part 01	**인사** ǀ Greetings ǀ 挨拶 ǀ 问候	7
Part 02	**소개** ǀ Introduction ǀ 紹介 ǀ 介绍	23
	ǀ 12 지간/십이지/ 44	
Part 03	**시간** ǀ Time ǀ 時間 ǀ 时间	45
Part 04	**날씨** ǀ Weather ǀ 天気 ǀ 天气	67
	ǀ 미국지도 / 76	
Part 05	**전화** ǀ Telephone ǀ 電話 ǀ 电话	77
	ǀ 도쿄 지하철 노선도/ 92	
Part 06	**교통** ǀ Showing the Way ǀ 交通 ǀ 交通	93
Part 07	**취미** ǀ Interests ǀ 趣味 ǀ 爱好	109
Part 08	**스포츠** ǀ Sports ǀ スポーツ ǀ 运动	135
	ǀ 일본지도 / 148	
Part 09	**쇼핑** ǀ Shopping ǀ 買物 ǀ 购物	149
Part 10	**호텔** ǀ The Hotel ǀ ホテル ǀ 饭店	169
Part 11	**관광** ǀ Sighting ǀ 観光 ǀ 旅游	185
	ǀ 중국지도/ 194	
Part 12	**병원** ǀ The Clinic ǀ 病院 ǀ 医院	195
	ǀ 한국, 중국, 일본, 미국에 대하여/ 208	
Part 13	**기타** ǀ Others ǀ その他 ǀ 其他	209
	ǀ 일본어 오십음도표/ 238	
Part 14	**韓·英·日·中 기본 회화**	239
	ǀ 한국지도 / 276	
Part 15	**韓·英·日·中 중요단어**	277
Part 16	**韓·英·日·中 필수단어**	283

세계시차 지도

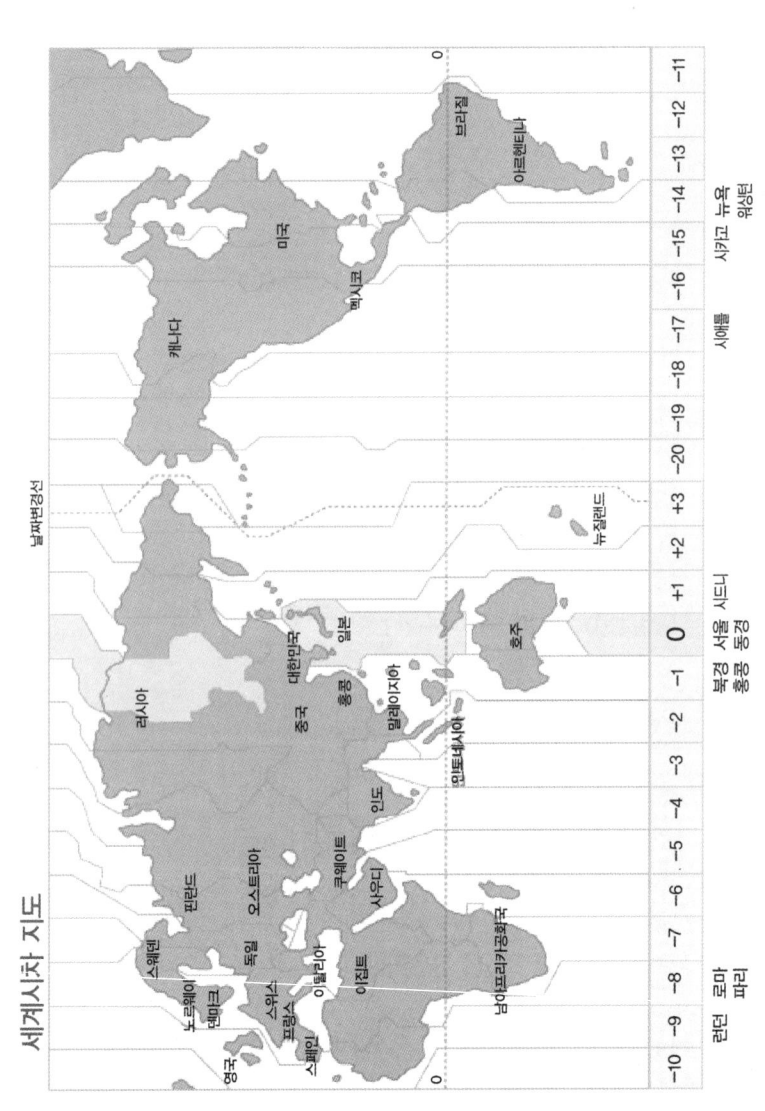

Part 01

인사
Greetings
挨拶
あい さつ
아이 사쯔

问候
wènhou
원 허우

기본표현

새해 복 많이 받으세요! 2013년 1월 1일

**Happy New Year!
Jan. 1. 2013**

新年おめでとう！2013年1月1日
しんねん　　　　　　　　　　　　ねん　がつついたち

신넹 오 메 데 또-　니셍쥬산넹 이찌가쯔 츠이따찌

xīnnián kuàilè!　èrlíngyīsān nián　yīyuèyīrì
新年快乐！ 2013年1月1日

씬니앤 콰이러　얼링이싼 니앤 이 웨 이 르

어서오세요!

Welcome!

ようこそ！
요 우 꼬 소

huān yíng!
欢迎！
환 잉

기본표현

안녕히 주무셨어요.

Good morning.

おはようございます。
오하요- 고자이마스

zǎo shang hǎo。
早上好。
짜우 쌍 하우

안녕하십니까.

Good afternoon.

こんにちは。
콘 니 찌 와

nǐ hǎo。
你好。
니 하우

기본표현

안녕하세요.

Good evening.

こんばんは。
콤 방 와

wǎn shang hǎo。
晚上好。
완 쌍 하우

안녕히 주무세요.

Good night.

おやすみなさい。
오 야 스 미 나 사 이

wǎn ān。
晚安。
완 안

기본표현

감사합니다.

Thank you.

ありがとうございます。
아리 가또- 고자이마스

xiè xie。
谢谢。
씨에 씨에

미안합니다.

I'm sorry.

すみません。
스미마 셍

bào qiàn。
抱歉。
빠우 치앤

기본표현

실례합니다.

Excuse me.

ごめんなさい。
고 멘 나 사 이

dui bu qǐ。
对不起。
뚜이 부 치

또 만나요.

See you later.
(See you again.)

また会いましょう。
마 따 아 이 마 쇼-

zài jiàn。
再见。
짜이 찌앤

기본표현

또 만납시다.

Let's get together again.

また会いましょう。
마 따 아 이 마 쇼-

zài huì。
再会。
짜이 후이

내일 또 만납시다.

See you tomorrow.

では、また明日。
데 와 마 따 아시따

míng tiān jiàn。
明天见。
밍 티앤 찌앤

기본표현

여러 가지 신세 많이 졌습니다.

Thank you for your help.

いろいろお世話(せわ)になりました。

이로이로 오세와 니 나리마시따

gěi nín tiān máfan le。
给 您 添 麻烦 了。

게이 닌 티앤 마 판 러

천만의 말씀입니다.

Not at all.

どういたしまして。

도- 이따시마시떼

bié kè qi。
别客气。

비에 커 치

응용표현

처음 뵙겠습니다.

How do you do?

はじ
初めまして。
하지메 마시떼

chū cì jiànmiàn
初 次 见面。
추 츠 찌앤 미앤

안녕하십니까?

How are you?

げんき
お元気ですか。
오겐끼데스까

nǐ hǎo
你好。
니 하우

응용표현

오랜만입니다.

I haven't seen you for a long time.

お久しぶりですね。
오 히사시부리 데 스 네

hǎojiǔ bú jiàn。
好久 不 见。
하우 지우 부 찌앤

만나서 반갑습니다.

Nice to see you.

お会い できて うれしいです。
오 아이 데끼때 우레시이데스

jiàndào nǐ, hěn gāoxìng。
见到 你, 很 高兴。
찌앤 따우 니, 헌 까우 씽

응용표현

괜찮습니까?

Are you all right?

だいじょうぶですか。
다이 쇼 부데스까

méi guānxi ba? / búyào jǐn ba?
没 关系 吧? / 不要 紧 吧?
메이 꽌 시 바? / 부 요우 진 바?

늦어서 미안합니다.

Sorry [I'm sorry] I'm late.

遅れて すみません。
오쿠레때 스미마생

duìbuqǐ, wǒlái wǎnle。
对不起, 我来 晚了。
뚜이 부 치, 워 라이 완 러

응용표현

다음에 또 만나요.

See you later.

じゃあ また 後で。
쟈- 마 따 아토데

xiàcì zài jiàn。
下次再见。
쌰 츠 짜이 찌앤

안녕. 안녕히 가세요.

Good-bye. / See you.

さようなら。/ ごきげんよう。
사 요- 나 라 / 고 기 갱 요-

zài jiàn。 / zhù nǐ jiànkāng。
再见。/ 祝 你 健康。
짜이 찌앤 / 쭈 니 찌앤 캉

응용표현

어떻게 지내십니까?

How are you doing?

お元気ですか。
오 갱 끼 데 스 까

nǐ guòde hǎo ma?
你 过得 好 吗?
니 꿔더 하우 마

정말 너무 바빠요!

I am frantic!

本当に忙しいです。
혼또- 니 이소가시이 데 스

wǒ shízài tài máng le。
我 实在 太 忙 了。
워 쓰짜이 타이 망 러

응용표현

잠깐만 기다리세요.

Hold on, please.

ちょっと待ってください。
쫏 또 맛떼구다사이

nǐ shāo děngyīděng。
你 稍 等一等。
니 싸우 떵 이 떵

이제 가고 싶어요.

I'd better go now.

そろそろ行きたいです。
소로소로이끼따이데스

wǒ gāi zǒule。
我 该 走了。
워 까이 조우러

응용표현

여러 가지로 신세를 졌습니다.

Thank you for everything.

いろいろ お世話になりました。
이로이로 오세와니나리마시따

gěi nǐ tiān máfanle。
给 你 添 麻烦了。
게이 니 티엔 마판러

- 시작이 반이다.-

Well begun is half done.

始まりが良ければ半分になる。
하지마리 가 오 케 레 바 한 분 니 나 루

hǎode kāiduān shì chénggōngde yíbàn。
好的 开端 是 成功的 一半。
하우더 카이두안 쉬 청공더 이빤

단어 Plus

한국어	영어	일본어	중국어
가족	family	家族 카조꾸	家属 지아쑤
나	I	私 와따시	我 워
너	you	貴方 아나따	你 니
여동생	younger sister	妹 이모또	妹妹 메이메이
누나	older sister	姉 아네	姐姐 제제
형	brother	兄 아니	哥哥 거거
아버지	father	父 찌찌	爸爸 빠바
어머니	mother	母 하하	妈妈 마마
남편	husband	夫 옷또	丈夫 짱푸
부인	wife	妻 쯔마	夫人 푸런
남녀	man and woman	男女 단죠	男女 난뉘
부모	parents	両親 료신	父母 푸무
매일	every day	毎日 마이니찌	每天 메이티앤
선생님	teacher	先生 센세이	老师 라우쓰
감사	thanks	感謝 칸샤	感谢 깐씨에

Part 02

소개
Invitations
しょうかい
紹介
쇼- 까이
jièshào
介绍
찌에씨우

기본표현

처음 뵙겠습니다.

How do you do?

はじめまして。
하지메마시떼

chūcì jiàn miàn。
初次 见 面。
추 츠 찌앤 미앤

잘 부탁 합니다.

I'm glad to meet you.

どうぞよろしくお願いします。
도- 조요로시꾸 오네가이시마스

qǐng duōduō guānzhào。
请 多多 关照。
칭 둬 둬 꽌 짜우

기본표현

저는 ○○○라고 합니다.

My name is David.

私は○○○と申します。
와따시와 ○ ○ ○ 또 모우시 마 스

wǒ jiào ○○○。
我叫○○○。
워 쨔우 ○ ○ ○

그럼 간단히 제 소개를 하겠습니다.

Let me briefly introduce myself.

では、簡単に自己紹介させて
데 와   칸 딴 니 지 꼬 쇼- 까이 사 세 떼

いただきます。
이 따 다 끼 마 스

ràng wǒ jiǎndānde zuò zìwǒ jièshào。
让 我 简单地 作 自我 介绍。
랑 워 지앤 딴더 쭤 즈 워 찌에 싸우

기본표현

나는 서울에 살고 있어요.

I live in Seoul.

私はソウルに住んでいます。
와따시와 소우루니 슨 데이마스

wǒ zhùzài shǒu'ěr (hànchéng)。
我 住在 首尔(汉城)。
워 쭈짜이 써우얼(한청)

저는 샐러리맨입니다.

I am a businessman.

私はサラリーマンです。
와따시와 사라리- 만 데스

wǒshì zhíyuán。
我是 职员。
워 쓰 즈 왠

기본표현

만나(뵈어)서 반갑습니다.

**I'm glad to meet you.
(Nice to meet you.)**

お会いできてうれしいです。
오 아 이 데 끼 떼 우 레 시 이 데 스

(おめにかかれてうれしいです。)
(오 메 니 카 까 레 떼 우 레 시- 　 데 스)

jiàndào nǐ, hěn gāoxìng。
见到 你, 很 高兴。
찌앤 따우 니　헌　까우 씽

오래간만 입니다.

Long time no see.

お久しぶりですね。
오 히 사 시 부 리 데 스 네

hǎojiǔ bú jiàn。
好久不见。
하우 지우 부 찌앤

Part 02 _ 소개

기본표현

정말 오랜만입니다.

I haven't seen you in ages.

どうもずいぶんお会いして
도- 모즈이 붕 오아이시떼

いませんでしたね。
이마센 데시따네

wǒmen zhēnde hǎojiǔ méijiàn.
我们 真的 好久 没见。
워 먼 쩐 더 하우 지우 메이 찌앤

그 동안 어떻게 지내셨어요?

How have you been?

その間いかがお過しでしたか。
소노 아이다 이까가 오스고시 데시따 까

nǐ guòde hǎoma?
你 过得 好吗?
니 꿔더 하우 마

기본표현

당신을 몹시 만나고 싶었습니다.

I've been looking forward
to meeting you.

お目にかかるのを楽しみにして
오 메 니 카 까 루 노 오 타 노 시 미 니 시 떼

おりました。
오리마시따

wǒ hěn xiǎngniàn nǐ。
我 很 想念 你。
워 헌 쌍니앤 니

또 뵙고 싶습니다.

I hope to see you
again sometime.

またいつかお会いしたいです。
마 따 이 쯔 까 오 아 이 시 따 이 데 스

xīwàng yǐhòu zài jiàndào nǐ。
希望 以后 再 见到 你。
씨 왕 이 허우 짜이 찌앤 따우 니

기본표현

몇 살입니까?

How old are you?

何才ですか。
난사이데스까

nǐ duō dàle?
你 多大了?
니 뒤 따러

결혼했습니까 아니면 독신입니까?

Are you married or single?

結婚していますか。
켁꼰시떼이마스까

それとも独身ですか。
소레또모도꾸신데스까

nǐ jiéhūn le, hái shi dānshēn?
你 结婚了, 还 是 单身?
니 지에훈러 하이 쓰 딴 썬

기본표현

가족은 모두 몇 명입니까?

How many are there in your family?

ご家族は何人ですか。
고카조꾸와 난닌 데스까

nǐ jiāyǒu jǐ kǒu rén?
你 家有 几口 人?
니 쟈 여우 지 커우 런

아이는 몇 명 있습니까?

How many children do you have?

子供は何人いますか。
코도모와 난닌 이마스까

nǐ yǒu jǐge háizi?
你 有 几个 孩子?
니 여우 지거 하이즈

기본표현

형제자매가 있으십니까?

Do you have any brothers or sisters?

ご兄弟かご姉妹は
고쿄- 다이까 고 시마이 와

いらっしゃいますか。
이 랏 샤이마스까

nǐ yǒu xiōngdì jiěmèi ma?
你 有 兄弟 姐妹 吗?
니 여우 쓍띠 지에메이 마

당신의 생일은 언제입니까?

When is your birthday?

あなたのお誕生日はいつですか。
아나따노오 탄 죠-비 와 이쯔데스까

nǐde shēngrì shì nǎtiān?
你的 生日 是 哪天?
니더 썽르 쓰 나 티앤

기본표현

나의 생일은 7월 2일 입니다.

My birthday is July 2nd.

私の誕生日は七月二日です。
わたし　たんじょうび　しちがつふつか
와따시노 탄 죠- 비 와 시찌가쯔 후쯔까데스

wǒde shēngri shì qīyuè èrhào。
我的 生日 是 七月 二号。
워 더 썽 르 쓰 치 웨 얼 하우

지금 어디에 살고 있습니까?

Where do you live now ?

今どこに住んでいますか。
いま　　　　す
이마 도꼬니 슨 데이마스까

nǐ xiànzài zhù nǎr?
你 现在 住 哪儿?
니 씨앤 짜이 쭈 날

기본표현

당신의 남편(부인)은 무슨 일을 합니까?

What does your husband(wife) do?

ご主人(奥さん)の仕事は何ですか。
고 슈진 (옥 산) 노 시고또 와 난데스 까

nǐ zhàngfu (tàitai) zuò shénme gōngzuò?
你 丈夫(太太)做 什么 工作?
니 짱 푸(타이 타이) 쭤 썬 머 꿍 쭤

가족에게 안부 전해주세요.

Please remember me to all your family.

家族の皆様によろしく
카 죠꾸노 미나사마니 요 로 시 꾸

おねがいします。
오 네 가 이 시 마 스

dàiwǒ xiàngnǐ jiālirén wènhǎo。
代我 向你 家里人 问好。
따이 워 썅 니 쟈 리 런 원 하우

기본표현

친구에게 안부 전해주세요.

Please say hello
to your friend.

友達(ともだち)によろしくお伝(つた)えください。

토모다찌니 요 로 시 꾸 오 츠따에 쿠 다 사 이

xiàng péngyou wènhǎo。
向 朋友 问好。

쌍 펑여우 원 하우

즐거운 주말을!

Have a nice weekend!

よい週末(しゅうまつ)を!

요 이 슈-마쯔오

zhōumò yúkuài!
周末 愉快!

쩌우 뭐 위 콰이

기본표현

전공은 무엇입니까?

What is your major?

せんこう なん
専攻は何ですか。
셍꼬-와 난 데스까

nǐshì shénme zhuānyè?
你是 什么 专业?
니 쓰 썬 머 쫜 예

이제 작별하겠습니다.

I must go now.

もうおいとまいたします。
모- 오 이 또 마 이 따 시 마 스

wǒ yào gàocí le。
我 要 告辞了。
워 야우 까우 츠 러

기본표현

은행(컴퓨터회사)에서 일하고 있습니다.

I work in a bank [for a computer firm].

ぎんこう(コンピューター会社)に
긴꼬-(콤 퓨- 따- 가이샤) 니

勤めています。
츠또메떼 이 마 스

wǒ zài yínháng (diànnǎogōngsī) gōngzuò。
我 在 银行(电脑公司)工作。
워 짜이 인 항(띠앤 나우 꿍 쓰) 꿍 쭤

친구인 타나카를 소개합니다.

Can I introduce my friend Mr. Tanaka?

友人の田中君を紹介します。
유-진 노 타나까꿍 오 쇼-까이 시 마 스

wǒlái jièshào yíxiàr wǒ péngyou tiánzhōng。
我来 介绍 一下儿 我 朋友 田中。
워 라이 찌에 싸우 이 쌀 워 펑여우 티앤 쭝

Part 02 _ 소개 37

기본표현

초대해 주셔서 감사합니다.

Thanks for the invitation.

ご招待ありがとうございます。
しょうたい

고쇼-따이 아리가 또- 고 자 이 마 스

xièxie nínde zhāodài。
谢谢 您的 招待。

씨에 씨에 닌더 짜우 따이

자아, 어서 들어오십시오.

Now you may come in.

さあ、どうぞお入りください。
はい

사- 도- 조오하이리쿠 다 사 이

lái, kuài qǐngjìn。
来，快 请进。

라이 콰이 칭 찐

응용표현

저는 김 입니다.

My name is Kim.

私は 金です。
와따시와 김 데스

我 姓 金。
워 씽 찐

한국에서 왔습니다.

I'm from Korea.

韓国から 来ました。
칸코쿠 까 라 키 마 시 따

我是 从 韩国 来的。
워 쓰 충 한 궈 라이 더

응용표현

축하합니다

congratulations

おめでとう。
오 메 데 토-

wzhùhè nǐ
祝贺乐。
주 허 니

파티에 오세요.

Come to the party.

パーティーに来てください。
파- 티-   니 키 떼 구 다 사 이

qǐng nǐ cānjiā wǒmende wǎnhuì。
请 你 参加 我们的 晚会。
칭 니 찬시아 워언더   완후이

응용표현

내가 깜박 잊었어요.

I forgot my mind.

私が うっかりしました。
와따시가 웃 까리시마시따

wǒ yīshíhútu wàngle。
我 一时糊涂 忘了。
워 이쉬 후투 왕러

사귀는 사람이 있습니까?

Are you seeing anyone?

いま恋人いますか。
이 마 코이비또 이 마 스 까

nǐ yǒu nán / nǚ péngyou ma?
你 有男 / 女 朋友 吗?
니 여우 / 뉘 펑여우 마

응용표현

너는 어떻게 생각하니?

What do you think?

どう思^{おも}いますか。
도-오모이 마스 까

nǐ zěnme xiǎng?
你 怎么 想?
니 전머 샹

건배!

Cheers!

乾杯^{かんぱい}。
간빠이

gān bēi
干杯。
간 뻬이

단어 Plus

한국어	영어	일본어	중국어
소개	introduce	紹介 쇼-까이	介紹 찌에싸우
명함	name card	名刺 메이시	名片 밍피앤
생일	birthday	誕生日 탄죠비	生日 썽르
나이	age	年齢 넨레이	年齢 니앤링
이름	name	名前 나마에	名字 밍즈
형제	brothers	兄弟 쿄-다이	兄弟 씨옹띠
자기	oneself	自己 지꼬	自己 즈지
자식	child	子供 코도모	子女 즈뉘
집	house	家 이에	家 지아
특별	special	特別 토꾸베쯔	特別 터비에
학과	lesson	学科 각까	学科 쉬에커
학교	school	学校 각꼬-	学校 쉬에싸우
지역	area	地域 치이끼	地區 띠취
전부	all	全部 젬부	全部 취앤뿌
내용	contents	内容 나이요우	内容 네이롱

🌸 12 支干(12 지간)

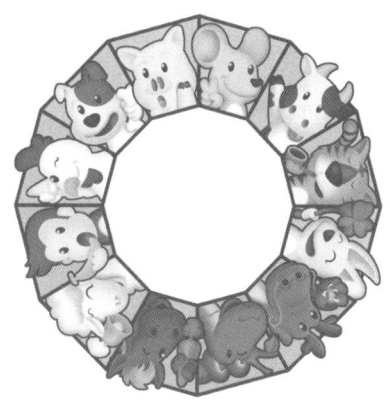

🌸 십이지(十二支) : 사람의 띠를 말하는 법

자(子)	축(丑)	인(寅)	묘(卯)	진(辰)	사(巳)
mouse ねずみ (쥐) 쑤	cow うし (소) 니우	tiger とら (호랑이) 후	rabbit うさぎ (토끼) 투	dragon たつ (용) 룽	snake へび (뱀) 써

오(午)	미(未)	신(申)	유(酉)	술(戌)	해(亥)
horse うま (말) 마	sheep ひつじ (양) 양	monkey さる (원숭이) 허우	cock とり (닭) 지	dog いぬ (개) 꺼우	pig いのしし (돼지) 주

Part 03

시간
Time
時間
じかん
shijiān
时间
스지엔

기본표현

나는 7시에 일어납니다.

I get up at seven.

私は七時に起きます。
わたし しちじ お

와따시와 시찌지니 오 끼 마 스

wǒ qīdiǎn qǐ chuáng。
我 七点 起 床。

워 치 띠앤 치 촹

나는 7시에 아침 식사를 합니다.

I have breakfast at seven.

ぼくは七時に朝ごはんを食べます。
しちじ あさ た

보 꾸 와 시찌지니 아사 고 항 오 타 베 마 스

wǒ qīdiǎn chī zǎofàn。
我 七点 吃 早饭。

워 치 띠앤 츠 짜우 판

기본표현

아직 더 자고 싶어요.

I'm still sleepy.

まだ眠いよ。

마 다 네무이 요

wo　háixiǎng　shuì　yíhuìr。
我 还想 睡 一会儿。

워　하이쌍　쑤이　이　훨

아침 6시에 깨워주세요.

A wake up call at six, please.

朝六時に起してください。

아사 로꾸지 니 오꼬시 떼 쿠 다 사 이

zǎochén　liù diǎn zhōng jiào xǐngwǒ。
早晨 六点钟 叫 醒我。

짜우 천 리우 띠앤 쫑 쨔우 씽 워

Part 03 _ 시간 47

기본표현

늦지 말아요.

Don't be late.

おくれないでね。
오꾸레나이데네

bié　chídào　le。
別 迟到 了。
비에 츠 따우 러

몇 시가 좋습니까?

What time is best?

なん じ
何時がいいですか。
난지가 이- 데스까

jǐ diǎn zhōng zuì　héshì?
几点钟 最 合适?
지 띠앤 쫑 쭈이 허 쓰

기본표현

곧 바로 갑니다.

I'm coming soon.

もうすぐ行きます。
모- 스구이끼마스

mǎshàng jiù qù。
马上 就 去。
마 쌍 찌우 취

저도 조금 전에 왔어요.

I arrived here only
a few minutes ago.

私もちょっと前に来ましたよ。
와따시모 춋 또 마에니 키 마 시 따 요

wǒ yě gānglái。
我 也 刚来。
워 예 깡 라이

기본표현

늦어서 미안합니다.

I'm sorry I'm late.

遅れてすみません。
오꾸레떼스미마 셴

对不起，我 来 晚了。
dui bu qǐ, wǒ lái wǎnle。
뚜이부치 워 라이 완 러

5시에 마중 가겠어요.

I'll pick you up at five.

五時にお迎えに行きます。
고 지니오무까에니 이끼마스

我 五点钟 去 接你。
wǒ wǔ diǎn zhōng qù jiēnǐ。
워 우띠앤쫑 취 지에니

기본표현

빨리 돌아와요.

Please come home early.

早く帰って来てね。
하야 꾸 카엣떼 키 떼 네

zǎo yìdiǎn huílái。
早 一点 回来。
짜우 이 띠앤 후이 라이

하루에 몇 시간 정도 텔레비전을 봅니까?

How many hours a day do you watch TV?

一日に何時間くらい
이찌니찌니 난 지 깡 쿠 라 이

テレビを見ますか。
테 레 비 오 미 마 스 까

nǐ yìtiān kàn jǐge xiǎoshí diànshì?
你 一天 看 几个 小时 电视?
니 이 티앤 칸 지 거 샤우 쓰 띠앤 쓰

Part 03 _ 시간 51

기본표현

좀더 텔레비전이 보고 싶어요.

I want to watch more TV.

もっとテレビが見たいです。
못 또 테레비가 미따이데스

wǒ xiǎng zàikàn yíhuìr diànshì。
我 想 再看 一会儿 电视。
워 썅 짜이 칸 이 휠 띠앤쓰

지금 몇 시입니까?

What time is it now?

今、何時ですか。
이마 난지데스까

xiàn zài jǐ diǎn?
现在 几点?
씨앤 짜이 지 띠앤

기본표현

오늘이 무슨 요일입니까?

What day is it today?

きょう なんようび
今日は何曜日ですか。
쿄- 와 난 요- 비 데 스 까

jīn tiān xīng qī jǐ?
今天 星期 几?
찐 티앤 씽 치 지

오늘은 며칠입니까?

What's the date today?

きょう なんにち
今日は何日ですか。
쿄- 와 난 니찌 데 스 까

jīntiān   jǐhào?
今天 几号?
찐 티앤 지 하우

기본표현

오늘 저녁에 시간 있으세요?

Are you free this evening?

こん ばん　　じ かん
今晩お時間はありますか。
콤 방 오 지 깡 와 아 리 마 스 까

jīnwǎn　nǐ　yǒu　shíjiān　ma?
今晚 你 有 时间 吗?
찐 완 니 여우 쓰 지앤 마

몇 시에 만날까요?

What time should we meet?

なん じ　　　 あ
何時にお会いしましょうか。
난 지 니 오 아 이 시 마 쇼- 　　까

wǒmen　jǐdiǎn　jiànmiàn?
我们 几点 见面?
워 먼 지 띠앤 찌앤 미앤

기본표현

이번 토요일 파티에 오실 수 있겠어요?

Can you come to the party this Saturday?

今週の土曜日、パーティーに
콘 슈-노 도 요-비　　파- 티- 니

来られますか。
코 라 레 마 스 까

zhège xīngqīliù de yànhuì, nǐ néng cānjiāma?
这个 星期六 的 宴会, 你 能 参加吗?
쩌 거 씽 치 리우 더 앤 후이　니 넝 찬 쟈 마

죄송하지만 선약이 있습니다.

I'm sorry, but I have a previous appointment.

ごめんなさい、すでに約束が
고 멘 나 사 이　스 데 니 약 소꾸 가

あるんです。
아 룬 데 스

hěn bàoqiàn, wǒ yǐjīng yǒu yuēhuì.
很 抱歉, 我 已经 有 约会。
헌 빠우 치앤 워　이 징 여우 웨 후이

기본표현

기다리게 해서 미안합니다.

I'm sorry to have
kept you waiting.

お待たせしてすみません。
오 마 따 세 시 떼 스 미 마 셍

duìbuqǐ, ràng nǐ jiǔděng le。
对不起，让 你 久等 了。
뚜이 부 치　　랑　니　지우 떵　러

와 주셔서 기쁩니다.

I'm glad you could come.

来ていただけてうれしいです。
키 떼 이 따 다 께 떼 우 레 시- 　데 스

huānyíng guānglín。
欢迎 光临。
환 잉 　꽝 린

기본표현

훌륭한 파티였습니다.

It was a wonderful party.

すばらしいパーティーでしたよ。
스바라시- 파- 티- 데시따요

zhècì yànhuì shì hěn chūsède。
这次 宴会 是 很 出色的。
쩌 츠 앤후이 쓰 헌 추 써 더

내일 합시다.

Let's do it tomorrow.
(How about tomorrow, please.)

明日、しましょう。
아시따 시 마 쇼-

míngtiān gàn ba。
明天 干吧。
밍 티앤 간 바

기본표현

내일 회의를 취소하고 싶습니다.

I'd like to cancel tomorrow's meeting.

明日会うのをキャンセル
아시따 아우노오 캰 세루

したいのですが。
시따이노데스가

wǒ xiǎng qǔxiāo míngtiān de jùhuì。
我 想 取消 明天 的 聚会。
워 썅 취 쌰우 밍 티앤 더 쮜 후이

언제까지 시간이 있습니까?

Until what time are you open?

何時まであいていますか。
난 지 마데 아이떼이마스까

nǐ dào jǐdiǎn yǒu kòngr?
你到 几点 有 空儿?
니 따우 지 띠앤 여우 쿵

기본표현

좀 곤란합니다.

I have a problem.

ちょっと困っています。

촛- 또 코맛 떼이마스

有点儿 困难。
yǒu diǎnr kùn nan

여우 띠앨 쿤 난

한 시 반 입니다.

Half past one.

一時 半です。
いちじ はん

이찌지 한데스

一 点 半。
yī diǎn bàn

이 띠앤 빤

Part 03 _ 시간

기본표현

시간 있습니까?

Do you have time?

じ かん
時間ありますか。
지 깡 아 리 마 스 까

nǐ yǒu　shíjiān　ma?
你有 时间 吗?
니 여우 쓰 지앤 마

항상 바쁩니까?

Keeping busy?

いそが
あいかわらず忙しいですか。
아 이 까 와 라 즈 이소가시- 데 스 까

nǐ　zǒngshì　nàme　máng ma?
你 总是 那么 忙 吗?
니 쭝 쓰 나 머 망 마

기본표현

보통 몇 시에 일어납니까?

What time do you usually get up?

普通、何時に起きますか。
후쯔- 난지니오끼마스까

你 一般 几点 起床?
니 이빤 지띠앤 치촹

Part 03 _ 시간

응용표현

충분합니다.

That's enough.

もう 十分です。
모- 쥬-분데스

gòule。
够了。
꺼우 러

지금은 바쁩니다.

I'm busy now.

今は 忙しいです。
이마 와 이소가시 이 데 스

wǒ xiànzài máng。
我 现在 忙。
워 씨앤 짜이 망

응용표현

선약이 있습니다.

I have an appointment.

先約（せんやく）が あります。
센약꾸 가 아리마스

wǒ yǐjīng yǒu yuēhuì。
我 已经 有 约会。
워 이징 여우 웨 후이

꼭 집에 놀러 와 주십시오.

Please come to visit me.

ぜひ うちに いらっしゃい。
제히 우찌니 이 랏 샤 이

yídìng yàodào wǒjiā lái wánr。
一定 要到 我家 来 玩儿。
이 띵 야우 따우 워 쟈 라이 왈

응용표현

시간 다 됐어요.

Time is up.

もう時間(じかん)になりました。
모- 지 캉 니 나 리 마 시 따

到 时间 了。
dào shíjiān le。
다오 쉬지엔 러

이번 주에 바쁜가요?

Are you busy this week?

今週(こんしゅう)忙(いそが)しいですか。
콘슈-이소가 시 이 데 스 까

这周 忙吗?
zhè zhōu mángma?
쪄조우 망마

응용표현

지금 일어나지 않으면, 지각 할 거예요.

Get up now, or you will be late.

すぐ起きなければ遅刻しますよ。
스구 오끼나 께레바 치코꾸시 마스요

如果 现在 不起来 床,
rūguō xiànzài bùqǐlái chuáng,
루 구워 씨애짜이 부치라이 추앙,

你 就要 迟到 了。
nǐ jiùyao chídào le.
니 지우야오 취따오 러

5분만 쉽시다!

Let's take five!

五分だけ休みましょう。
고훈 다께 야스미 마쇼-

就 休息 五分钟 吧。
jiù xiūxi wǔfēn zhōng ba.
찌우 씨우시 우펀 종 바

단어 Plus

한국어	영어	일본어	중국어
계획	plan	計画 게이가쿠	计划 찌화
계약	contract	契約 게야쿠	合同 허퉁
금년	this year	今年 코또시	今年 찐니앤
내년	next year	来年 라이넹	明年 밍니앤
인생	life	人生 진세-	人生 런쎵
사람	people	人 히또	人 런
시계	watch	時計 토께-	手表 써우빠오
시험	test	試験 시껭	考试 카우쓰
성공	success	成功 세이코우	成功 청꽁
지금	now	今 이마	现在 씨앤짜이
여름방학	summer vacation	夏休み 나쯔야스미	暑假 쑤찌아
하루	a day	一日 이찌니찌	一天 이티앤
인기	popularity	人気 닝끼	名望 밍왕
인구	population	人口 진꼬-	人口 런커우
끝	end	終わり 오와리	结束 지에쑤

Part 04

날씨
The Weather

てんき
天気
텐끼

tiānqi
天气
티앤 치

기본표현

오늘은 좋은 날씨군요.

It's nice today, isn't it?

今日はいい天気ですね。
쿄- 와 이- 텡끼데스네

jīn tiān tiānqi zhēnhǎo。
今天 天气 真好。
찐 티앤 티앤치 쩐 하우

좋은 날씨입니다.

Nice day, isn't it?

いいお天気ですね。
이- 오 텡끼데스네

tiānqi zhēn hǎo。
天气 真 好。
티앤치 쩐 하우

기본표현

오늘은 후텁지근합니다.

It's hot and humid today.

今日は蒸し暑いですね。
쿄- 와 무시아쯔이데스네

jīn tiān tiānqì mēnrè。
今天 天气 闷热。
찐 티앤 티앤치 먼 러

비가 올 것 같습니다.

I'm afraid it will rain.

雨になりそうです。
아메니 나리 소- 데스

yǎnkàn jiù yào xiàyǔ le。
眼看 就 要 下雨 了。
얜 칸 찌우 야우 샤위 러

기본표현

오늘밤 전화해주세요.

Call me tonight.

こんばん でんわ
今晩、電話してください。
콤 방　뎅 와 시 떼 쿠 다 사 이

jīntiān wǎnshang gěi wǒ lái diànhuà ba。
今天 晚上 给 我 来 电话吧。
찐 티앤 완 쌍 게이 워 라이 띠앤화 바

오늘 저녁에 시간 있으세요?

Are you free this evening?

こんばん　じかん
今晩お時間はありますか。
콤 방 오 지 깡 와 아 리 마 스 까

jīnwǎn nǐ yǒu shíjiān ma?
今晚 你 有 时间吗?
찐 완　니　여우 쓰 지앤 마

기본표현

주말을 어떻게 보내십니까?

How do you spend your weekends?

週末をどう過ごしますか。
슈-마쯔오 도- 스고시마스까

nǐ zěnyàng guò zhōumò?
你 怎样 过 周末?
니 쩐양 꿔 쩌우뭐

바쁘십니까?

Are you in a hurry?

お忙しいですか。
오 이소가시- 데스까

nǐ máng ma?
你 忙 吗?
니 망 마

응용표현

여기서 사진을 찍어도 되겠습니까?

Is it all right to take pictures here?

ここで 写真を 撮っても いいですか。
코 꼬데 샤싱오 톳떼모 이- 데스까

zài zhèr kěyǐ pāi zhàopiàn ma?
在 这儿 可以 拍照片 吗?
짜이 쩔 커이 파이 짜우 피앤 마

사진을 찍어주시지 않겠습니까?

Could you please take a photo of us?

写真を 撮って いただけませんか。
샤싱오 톳떼 이따다께마셍까

qǐng bāngwǒ pāi yìzhāng zhàopiàn, kěyǐ ma?
请 帮我 拍 一张 照片, 可以 吗?
칭 빵워 파이 이 짱 짜우피앤, 커이 마

응용표현

내일은 맑을 거예요!

Rain, rain go away!

あしたは晴れるよ。
아시따와 하레루요

míngtiān shì qíngtiān。
明天 是 晴天。
밍티엔 쉬 칭티엔

드라이브 하러 갈까요?

Shall we go for a drive?

ドライブしに行きませんか。
도라이브시니 이끼마셍까

wǒmen kāizhe chē dōufēng qù, zěnme yàng?
我们 开着 车 兜风 去, 怎么样?
워먼 카이저 처 또우펑 취 전머 양

응용표현

시간 좀 낼 수 있어요?

Have you got a minute?

ちょっと時間ありますか。
춋 또지캉아리마스까

nǐ néng bù néng chōuge shíjiān?
你 能不能 抽个 时间?
니 닝부넝 초우거 쉬지엔

아무것도 먹지 않았습니다.

Didn't eat anything.

何にも食べませんでした。
난니모타베마 셍 데시따

wǒ shénme dōu méichī。
我 什么 都 没吃。
워 션머 또우 메이취

단어 Plus

한국어	영어	일본어	중국어
날씨	weather	天気 텐끼	天气 티앤치
가을	autumn	秋 아끼	秋天 치우티앤
눈	snow	雪 유끼	雪 쉬에
아침	morning	朝 아사	早晨 짜우천
소풍	picnic	遠足 엔소꾸	郊游 쟈우여우
출석	attendance	出席 슛세끼	出席 추씨
고향	home town	故郷 후루사또	老家 라우지아
덥다	hot wather	暑い 아쯔이	热 러
저녁	evening	夕方 유-가따	晚上 완쌍
불	fire	火 히	火 후어
불꽃	flame	花火 하나비	火花 후어화
비	rain	雨 아메	雨 위
물	water	水 미즈	水 쉬이
점심때	afternoon	昼 히루	中午 쫑우
기회	chance	機会 키까이	机会 지후이

❀ 미국지도

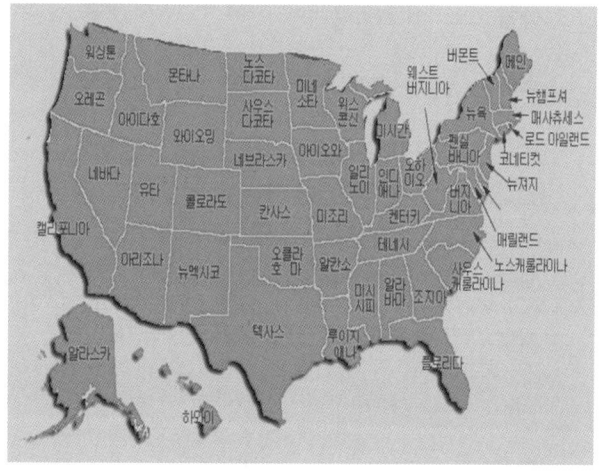

경찰, 구급차 911
주미한국대사관 (202)939—5600 워싱턴
　　　　　　　(213)385—9300 LA
　　　　　　　(212)752—1700 뉴욕

Part 05

전화
Telephone
電話
でんわ
diànhuà
电话
띠엔 화

기본표현

여보세요, 김씨 계신가요.

Hello, may I speak to Mr. Kim?

もしもし、キムさんはいますか。
모시모시 김 상 와이마스까

wéi, jīn xiānsheng zài ma?
喂，金 先生 在 吗？
워이 찐 씨앤셩 짜이 마

여보세요, 누구신지요?

Hello, who's speaking, please?

もしもし、どちらさまですか。
모시모시 도찌라사마데스까

wéi, qǐngwèn nín shì shuí a?
喂，请问 您 是 谁 啊？
워이 칭원 닌 쓰 쎄이 아

기본표현

뭐라고 하셨어요?

What did you say?

何(なん)とおっしゃったのですか。
난 또 옷 샷 따노데스까

ni shuō shénme?
你 说 什么?
니 쒀 션머

다시 한번 말씀해주세요.

Excuse me.
(Pardon me.)

もう一度(いちど) 話(はな)してください。
모- 이찌도 하나시 떼 쿠 다 사 이

qǐng zài shuō yíbiàn。
请 再 说 一遍。
칭 짜이 쒀 이 비앤

Part 05 _ 전화

기본표현

좀더 천천히 말씀해주십시오.

Would you mind speaking more slowly?

もっとゆっくり話してください。

못 또 육꾸리 하나시떼 쿠다사이

qǐng shuō màn yìdiǎnr。
请 说 慢 一点儿。

칭 쒀 만 이 띠앨

좀 기다려 주세요.

Just a moment, please.

ちょっと待ってください。

촛 또 맛떼 쿠다사이

qǐng shāo děng。
请 稍 等。

칭 싸우 떵

기본표현

오늘 오후 찾아뵈어도 좋겠습니까?

May I come and see you this afternoon?

今日(きょう)の午後(ごご)訪(たず)ねてもいいですか。
쿄- 노고고타즈네떼모 이- 데스까

wǒ jīntiān xiàwǔ zhǎo nín, kěyǐ ma?
我 今天 下午 找 您, 可以 吗?
워 찐 티앤 샤 우 짜우 닌 커 이 마

전하실 말씀이라도 있습니까?

Would you care to leave a message?

何(なに)か伝(つた)えることでもありますか。
나니까 츠따에루 코 또 데 모 아 리 마 스 까

nǐ xiǎng liúge huàma?
你 想 留个 话吗?
니 썅 리우거 화 마

기본표현

제가 전화했었다고 그녀에게 전해주세요.

Please tell her that I called.

電話をさしあげましたことを
뎅와오사시아게마시따코또오

彼女にお伝えください。
카노죠 니 오츠따에 쿠 다 사 이

zhuǎngào tā, wǒ lái guo diànhuà。
转告 她, 我 来 过 电话。
쫜 까우 타 워 라이 꿔 띠앤 화

휴대폰으로 연락해주십시오.

You can call my cell phone.

携帯電話に連絡してください。
케-따이 뎅 와 니 렌 라꾸 시 떼 쿠 다 사 이

nǐ dǎ wǒde shǒujī liánxi ba。
你 打 我的 手机 联系 吧。
니 다 워더 써우지 리앤씨 바

기본표현

잘 들리지 않습니다.

I can't hear you.

よく聞こえません。
요꾸 키꼬에마셍

wǒ tīng bù qīngchu。
我 听 不 清楚。
워 팅 부 칭추

박 선생님 좀 부탁합니다.

May I speak to Mr. Park?

朴さんをお願いしたいのですが。
박 상 오 오네가이시따이노데스가

qǐng zhuǎnyíxià piáo xiānsheng。
请 转一下 朴 先生。
칭 좐이쌰 퍄우 씨앤성

기본표현

나중에 다시 걸겠습니다.

I'll call you back later.

あとでこちらからかけなおします。
아 또데 코찌라 까라 카께 나오 시 마 스

<ruby>我<rt>wǒ</rt></ruby> <ruby>待<rt>dāi</rt></ruby> <ruby>一会儿<rt>yíhuìr</rt></ruby> <ruby>再<rt>zài</rt></ruby> <ruby>打<rt>dǎ</rt></ruby>。

我 待 一会儿 再 打。
워 따이 이 훨 짜이 따

꼭 집에 놀러 와 주십시오.

Please come to visit me.

ぜひうちにいらしてください。
제히 우찌니 이라 시떼 쿠 다 사 이

一定 要 到 我家 来 玩儿。
yídìng yào dào wǒjiā lái wánr。
이 띵 야우 따우 워 쟈 라이 왈

기본표현

이 번호로 전화해 주실 수 있습니까?

Would you dial it for me?

この番号に電話をかけて
코 노 방 고- 니 뎅 와 오 카 께 떼

もらえませんか。
모 라 에 마 셍 까

néngbunéng bāngwǒ dǎ zhèige diànhuà?
能不能 帮我 打 这个 电话?
넝 부 넝 빵 워 따 쩌 거 띠앤 화

어디서 오셨습니까?

Where are you from?

どこからいらしたのですか。
도 꼬 까 라 이 라 시 따 노 데 스 까

nǐ cóng nǎr lái?
你 从 哪儿 来?
니 총 날 라이

Part 05 _ 전화

기본표현

서류를 팩스로 보내주시지 않겠습니까?

Would you fax that document, please?

しょるい
書類をファックスして
쇼루이 오 팍 꾸스시떼

くれませんか。
쿠레마 셍 까

láojià, bǎ nàge wénjiàn fā chuánzhēn gěi wǒ。
劳驾, 把 那个 文件 发 传真 给 我。
라우 쨔 빠 나거 원찌앤 파 찬쩐 게이 워

메일로 연락주시겠습니까?

Could you send me a message by e-mail?

れんらく
メールで連絡してもらえますか。
메- 루 데 렌라꾸시 떼 모 라 에 마 스 까

nǐyòng diànzǐ yóujiàn lái liánxìwǒ, hǎoma?
你用 电子 邮件 来 联系我, 好吗?
니 융 띠앤 즈 여우찌앤 라이 리앤 씨 워 하우 마

응용표현

부탁이 있습니다만.

Can I ask you a favor?

お願いが あるのですが。
오네가이 가 아루노데스 가

我可以 请 您 帮个 忙吗?
wǒ kě yǐ qǐng nín bāngge mángma?
워 커이 칭 닌 빵거 망 마

회사에 전화해 주세요.

Call me at the office, please.

会社へ 電話して ください。
카이샤 에 뎅와시떼 구다사이

请 把 电话 打到 我 公司。
qǐng bǎ diànhuà dǎdào wǒ gōngsī.
칭 빠 띠앤화 따 따우 워 꿍 스

응용표현

서류를 팩스로 보내주십시오.

Would you fax that document, please?

しょるい
書類をファックスしてくれませんか。
쇼루이오 팍 쿠스시떼쿠레마셍 까

láojià, bǎ nàge wénjiàn fā chuánzhēn gěiwǒ。
劳驾, 把 那个 文件 发 传真 给我。
라우쨔 빠 나거 원찌앤 파 촨쩐 게이워

고마워. 은혜 잊지 않을게.

I owe you one.

おん
ありがとう。ご恩はわすれないよ。
아리가또- 고온와와스레나이요

nǐde xīnyì wǒ lǐngle。
你的 心意 我 领了。
니더 신이 워 링러

응용표현

나중에 다시 전화 하겠습니다.

I'll call you back.

あとでかけ直します。
아 또데 카 께나오시 마스

wǒ	yǐhòu	zài	gěinǐ	dǎ	diànhuà。
我 以后 再 给你 打 电话。
워 이호우 짜이 게이니 다 디엔화

나 좀 도와주세요?

Will you help me?

手伝ってもらえませんか。
테 쯔닷 떼모라에마 셍 까

qǐng	bāngwǒ	yíxià,	hǎoma?
请 帮我 一下, 好吗?
칭 방워 이싸아 하오마

응용표현

힘내세요!

Snap out of it.

頑張ってください。
(がんば)
간 밧 떼 쿠 다 사 이

zhènzuò qǐlái ba!
振作 起来 吧!
쩐 주어 치라이 바

단어 Plus

한국어	영어	일본어	중국어
글자	letter	文字 모지	文字 원즈
주소	address	住所 쥬-쇼	地址 띠즈
점심	lunch	昼食 츄-쇼꾸	午饭 우판
저녁식사	dinner	夕食 유-쇼꾸	晚饭 완판
제일	the first	第一 다이이찌	第一 띠이
친구	friend	友達 토모다찌	朋友 펑여우
항공권	airline ticket	航空券 코-꾸-껭	机票 지파우
표	ticket	切符 깁뿌	票 파우
사무실	office	事務室 지무시쯔	办公室 빤꽁쓰
회사	company	会社 카이샤	公司 꽁쓰
휴가	vacation	休暇 큐-까	休假 씨우찌아
초대	invitation	招待 쇼-따이	招待 쪼우따이
공항	airport	空港 쿠우꼬-	机场 지창
안내소	imformation office	案内所 안나이쇼	咨询台 즈쉰타이
한국대사관	The korea embassy	韓国大使館 캉꼬꾸타이시깡	韩国大使馆 한궈따스관

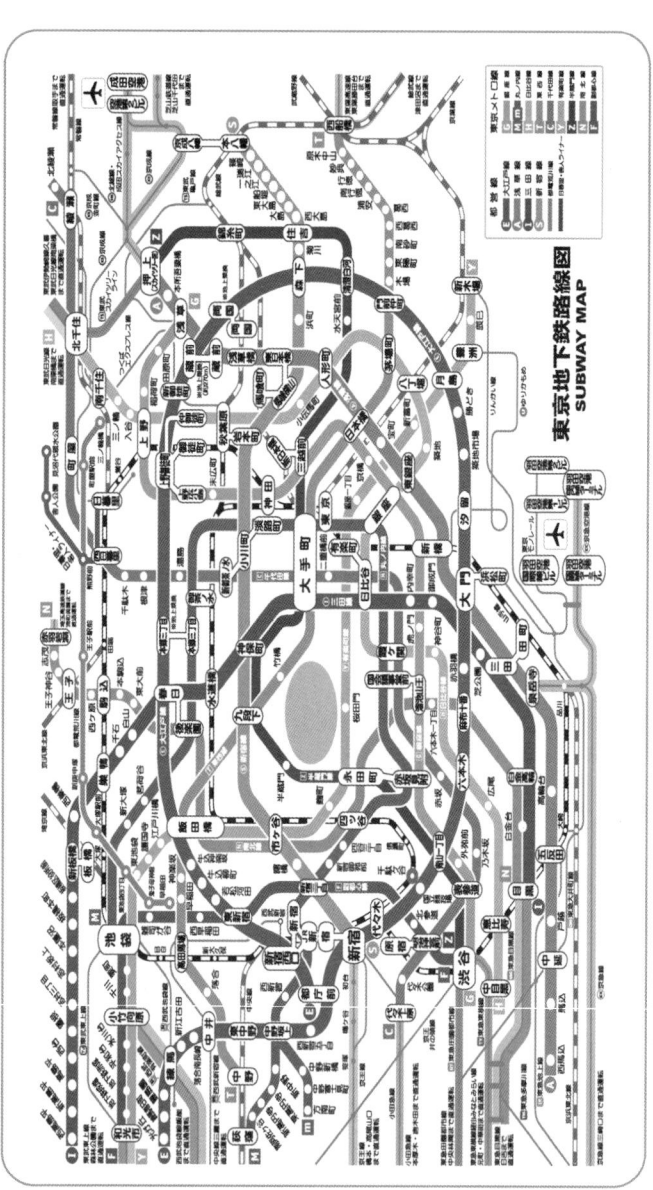

Part 06

교통
Showing the Way
交通
こう つう
코우 쓰우
jiāotōng
交通
자우 통

기본표현

이 길로 가세요.

Go along this street.

この道を行きなさい。
코 노 미찌오 이 끼 나 사 이

shùnzhe zhètiáo lù zǒuba。
顺着 这条 路 走吧。
쑨 저 쩌 탸우 루 쩌우 바

역은 어디 입니까?

Where is the station?

駅はどこですか。
에끼 와 도 꼬 데 스 까

chēzhàn zài nǎr?
车站 在 哪儿?
처 짠 짜이 날

기본표현

다음 모퉁이를 오른쪽으로 돌아가세요.

Turn right at the next corner.

次の角を右に曲がってください。
츠기 노 카도오미기니 마 갓 떼 쿠다사이

zài xiàyíge guǎijiǎo chù, wǎng yòuguǎi.
在 下一个 拐角 处，往 右拐。
짜이 쌰 이 거 꽈이 쟈우 추 왕 여우 꽈이

서울에 가고 싶은데요.

I'd like to go to Seoul.

ソウルに行きたいのですが。
소우루니 이끼 따이노데스가

wǒ xiǎngqù shǒu'ěr (hànchéng).
我 想去 首尔(汉城)。
워 쌍 취 써우얼 (한 청)

기본표현

택시 타는 데가 어디입니까?

Where can I get a taxi?

タクシー乗り場はどこですか。
타꾸시- 노리바 와 도꼬데스까

zài nǎr zuò chūzū chē?
在 哪儿 坐 出租 车?
짜이 날 쭤 추주 처

은행은 어디에 있습니까?

Where is the bank?

銀行はどこですか。
깅꼬- 와 도꼬데스까

yínháng zài nǎr?
银行 在 哪儿?
인항 짜이 날

기본표현

그곳까지 약 1시간 걸립니다.

It takes about an hour to get there.

そこまでだいたい一時間かかります。
소 꼬 마 데 다 이 따 이 이찌지 깡 카 까 리 마 스

dào　nàli　dàgài　xūyào　yíge　xiǎoshí。
到 那里 大概 需要 一个 小时。
따우 나 리 따 까이 쒸 야우 이 거 쌰우 쓰

서울역까지 몇 정거장 남았습니까?

How many stops
to Seoul Station?

ソウル駅まで何駅ありますか。
소 우 루 에끼 마 데 낭 에끼 아 리 마 스 까

dào　shǒu'ěr (hànchéng) zhàn,　háiyǒu　jǐzhàn?
到 首尔(汉城)站, 还有 几站?
따우 써우 얼 (한 청) 짠 하이 여우 지 짠

기본표현

길을 잃었는데, 여기가 어디입니까?

I'm lost. Can you tell me where I am?

道に迷ってしまいました。

미찌니 마욧 떼 시마이 마시 따

ここはどこか教えてください。

코꼬와 도꼬까 오시에 떼 쿠다 사이

wǒ　mílù　le。 zhèshì　shénme　dìfang?
我 迷路 了。这是 什么 地方?

워 미루 러　쩌쓰 썬머 띠팡

여기서 얼마나 멉니까?

How far is it from here?

ここからどのくらいですか。

코꼬까라 도노쿠라이데스까

lí　zhèr　duō　yuǎn?
离 这儿 多 远?

리 쩔 둬 왠

기본표현

이 길로 가면 시청까지 갈 수 있습니까?

Does this street lead to City Hall?

この道は市庁へ行けますか。
코 노 미찌와 시 쬬- 에 이 께 마 스 까

cóng zhètiáo lù zǒude huà,
从 这条 路 走的 话,
충 쩌 탸우 루 쩌우더 화

kěyǐ dào shì zhèngfǔma?
可以 到 市 政府吗?
커 이 따우 쓰 쩡 푸 마

걸어서 갈 수 있습니까?

Can I walk there?

歩いて行けますか。
아루이 떼 이 께 마 스 까

néng zǒuzhe qùma?
能 走着 去吗?
넝 쩌우저 취 마

Part 06 _ 교통

기본표현

바로 저기 입니다.

It's only a short distance.

すぐそこですよ。
스구소꼬데스요

jiù zài nèi biānr。
就在 那 边儿。
찌우 짜이 네이 비앨

표 파는 곳은 어디입니까?

Where is the ticket office?

切符売り場はどこですか。
킵뿌 우리바와 도꼬데스까

shòupiàochù zài nǎr?
售票处 在 哪儿?
써우 퍄우추 짜이 날

기본표현

어디서 갈아탑니까?

At which station
do I transfer?

どこで乗り換えるのですか。

도꼬데 노리까에루노데스까

zài nǎr huàn chē?
在 哪儿 换车?

짜이 날 환 처

경찰서는 어디입니까?

Where is the police station?

警察署はどこですか。

케- 사쯔쇼 와 도꼬데스까

jǐngchájú zài nǎr?
警察局 在 哪儿?

찡 차 쥐 짜이 날

기본표현

역으로 가고 싶습니다만.

I want to go to the station.

駅に行きたいのですが。

에끼 니 이 끼 따 이 노 데 스 가

wǒ xiǎngqù chēzhàn。
我 想去 车站。

워 썅 취 처 짠

역까지 길을 가르쳐주세요.

Please tell me the way to the station?

駅までの道を教えてください。

에끼 마 데 노 미찌 오 오시에 떼 쿠 다 사 이

qǐng gàosu wǒ qù chēzhàn de lù。
请 告诉 我 去 车站 的 路。

칭 까우 쑤 워 취 처 짠 더 루

기본표현

가장 가까운 역이 어디입니까?

Where is the nearest station?

最寄りの駅はどこですか。
모요리 노에끼와 도꼬데스까

lí zhèr zuì jìnde chēzhàn zài nǎr?
离 这儿 最 近的 车站 在哪儿?
리 쩔 쭈이 찐더 처짠 짜이 날

응용표현

지하철역은 어디입니까?

Where is the subway station?

地下鉄の 駅は どこですか。
치카떼쯔노 에끼와 도꼬데스까

地铁站 在 哪儿?
dìtiězhàn zài nǎr?
띠 티에 짠 짜이 날

어디서 갈아타야 합니까?

At which station do I transfer?

どこで 乗り換えますか。
도꼬데 노리까에데스까

在 哪儿 换车?
zài nǎr huàn chē?
짜이 날 환 처

응용표현

택시 타는 데가 어디입니까?

Where can I get a taxi?

タクシー 乗り場は どこですか。
탁 시- 노리바와 도꼬데스까

在 哪儿 坐 出租车?
zài nǎr zuò chūzūchē?
짜이 날 쮜 추주처

어디에 가려고 하십니까?

Where would you like to go?

どこへ 行きたいのですか。
도꼬에 이끼따이노데스까

你 要 去 哪儿?
nǐ yào qù nǎr?
니 야우 취 날

응용표현

지하철은 어디입니까?

Where is the subway.

地下鉄はどこですか。
치 까떼쯔와 도 꼬데스 까

dìtiě zài nǎr?
地铁 在 哪儿?
띠 티에 짜이 날

위험해요! 밀지마세요!

Watch out! Don't push!

あぶない。押さないでください。
아부나이 오사나이데쿠다사이

wēixiǎn! bié tuīwǒ!
危险! 别 推我!
웨이씨엔 비에 투이워

응용표현

여기서 저는 갈아타야 합니까?

Hear I have to transfer?

ここで乗り換えますか。
코꼬데 노리 카에마스까

wǒ yào zàizhèr huànchē ma?
我 要 在这儿 换车 吗?
워 야오 짜이쩔 후안처 마

서두르면 버스를 탈 수 있어요.

Hurry up, and you can catch the bus.

急げばバスに乗れますよ。
이소게 바 바스니 노레마스요

zhuājǐn shíjiān, nǐ cáinéng gǎnshàng nàliàng
抓紧 时间, 你 才能 赶上 那辆
쭈아진 쉬지엔 니 차이넝 간샹 나량

gōnggòng qìchē。
公共汽车。
공공 치처

단어 Plus

한국어	영어	일본어	중국어
길	road	道 미찌	路 루
도로	road	道 미찌	道 따우
버스	bus	バス 바스	公共汽车 꿍꿍치처
버스정류장	bus stop	バス停留所 바스테-류-죠	公共汽车站 꿍꿍치처짠
비행기	airplane	飛行機 히꼬우끼	飞机 페이지
역	station	駅 에끼	车站 처짠
여행	excursion	旅行 료꼬-	旅行 뤼싱
지하철	subway	地下鉄 찌까테쯔	地铁 띠티에
출장	business trip	出張 슛쬬-	出差 추차이
택시	taxi	タクシー 타꾸시-	出租车 추주처
타다	get on	乗る 노루	坐 쭈어
경찰	police	警察 케-사쯔	警察 찡차
평화	peace	平和 헤-와	和平 허핑
표준	standard	標準 효-중	标准 빠우준
주유소	gas station	ガソリンスタンド 가소린 스탄도	加油站 지아여우짠

Part 07

취미
Interests

趣味
슈미
shumi

爱好
아이 하오
ài hào

기본표현

취미는 무엇입니까?

What hobbies do you like?

しゅみ なん
趣味は何ですか。
슈 미 와 난 데 스 까

nǐde àihào shì shénme?
你的 爱好 是 什么?
니 더 아이하우 쓰 썬 머

어떤 나라에 가장 가고 싶습니까?

Which countries do you wish to visit most?

くに いちばん い
どこの国に一番行きたいですか。
도 꼬 노 쿠니니 이찌방 이 끼 따 이 데 스 까

nǐ zuìxiǎng qù nǎge guójiā?
你 最想 去 哪个 国家?
니 쭈이쌍 취 나거 궈쟈

기본표현

아침 식사는 무엇을 먹습니까?

What do you eat for breakfast?

ちょうしょく なに た
朝食は何を食べますか。

쵸-쇼꾸와 나니오 타베마스까

zǎocān nǐ chī shénme?
早餐 你 吃 什么?

짜우 찬 니 츠 썬 머

저녁 먹으러 가지 않겠어요?

How about some dinner?

ゆうしょく い
夕食に行きませんか。

유-쇼꾸니 이끼마 셍까

yìqǐ qù chī wǎnfàn, hǎoma?
一起去 吃 晚饭, 好吗?

이 치 취 츠 완 판 하우 마

기본표현

술 마시지 않겠어요?

How about some drinks?

飲みに行きませんか。
노미니 이끼마 셍 까

去 喝点儿 酒，怎么样?
qù hēdiǎnr jiǔ, zěnmeyàng?
취 허 띠앨 지우 쩐 머 양

이 자리는 비어있습니까?

Is someone[anyone] sitting here?

この座席は空いてますか。
코노 자세끼 와 아이떼 마스 까

这个 座儿 有 人吗?
zhège zuòr yǒu rénma?
쩌 거 쮈 여우 런 마

기본표현

메뉴를 보여주세요.

Could I have a menu, please?

メニューを見せてください。
메뉴- 오미세떼쿠다사이

qǐng gěiwǒ kàn càidān。
请 给我 看 菜单。
칭 게이워 칸 차이딴

추천요리는 무엇입니까?

What do you recommend?

おすすめは何ですか。
오스스메와 난데스까

ná shǒu cài shì shénme?
拿手菜 是 什么?
나 써우 차이 쓰 썬 머

Part 07 _ 취미 113

기본표현

가장 좋아하는 음식은 무엇입니까?

What's your favorite food?

好きな食べ物は何ですか。
스 끼 나 타 베 모 노 와 난 데 스 까

nǐ zuì xǐhuan chī shénme?
你 最 喜欢 吃 什么?
니 쭈이 씨 환 츠 썬 머

과일과 야채를 좋아합니까?

What kind of fruit and vegetables do you like?

果物と野菜が好きですか。
쿠다모노또 야사이 가 스 끼 데 스 까

nǐ xǐhuan chī shuǐguǒ hé shūcài ma?
你 喜欢 吃 水果 和 蔬菜 吗?
니 씨환 츠 쑤이궈 허 쑤차이 마

기본표현

해산물은 다 좋아합니다.

I like almost any kind of seafood.

シーフードでしたらほとんど
시- 후- 도데시따라호 똔 도

何(なん)でも好(す)きです。
난 데 모 스 끼 데 스

hǎixiānlèi　jīhū　dōu　xǐhuan　chī。
海鲜类 几乎 都 喜欢 吃。
하이 씨앤 레이　지후　떠우　씨 환　츠

맛있게 드세요.

Enjoy your meal.

どうぞお召(め)し上(あ)がりください。
도- 조오 메시아 가 리 쿠 다 사 이

chī hǎo。
吃好。
츠 하우

Part 07 _ 취미　115

기본표현

마음껏 드세요.

Help yourself.

遠慮なく召し上がってください。
엔료나 꾸메시아 갓떼쿠다사이

qǐng suíyì。
请 随意。
칭 쑤이이

설탕 좀 주세요.

Pass me the sugar, please.

お砂糖をとってください。
오사또-오 톳떼쿠다사이

qǐng bǎ báitáng dìgěi wǒ。
请 把 白糖 递给 我。
칭 빠 빠이탕 띠게이 워

기본표현

소주와 맥주, 어느 쪽을 좋아합니까?

Which do you prefer, soju or beer?

お酒とビール、どちらが好きですか。
오사께또 비-루 도찌라가 스끼데스까

báijiǔ hé píjiǔ, nǐ xǐhuan hē nǎyìzhǒng?
白酒 和 啤酒, 你 喜欢 喝 哪一种?
빠이지우 허 피지우 니 씨환 허 나이쭝

한잔 어떠세요?

How about a drink?

一杯どうですか。
입빠이 도-데스까

hē yìbēi, zěnmeyàng?
喝 一杯, 怎么样?
허 이뻬이 쩐머양

기본표현

빨간 와인 한잔 주세요.

A glass of red wine, please.

グラスワインの赤をください。

구라스와 인 노아까오쿠다사이

qǐng gěiwǒ yìbēi hóng pútáo jiǔ。
请 给我 一杯 红 葡萄 酒。

칭 게이워 이뻬이 홍 푸 타우 지우

맥주 한 병 더 주세요.

One more beer, please.

ビール一本ください。

비-루 입뽕쿠다사이

qǐng zài gěiwǒ yìpíng píjiǔ。
请 再 给我 一瓶 啤酒。

칭 짜이 게이워 이 핑 피 지우

기본표현

조금만 주세요.

Just a little.

少しください。
스꼬시쿠다사이

gěi wǒ yìdiǎnr.
给 我 一点儿。
게이 워 이 띠앨

맛있다.

Delicious.

おいしい。
오이 시-

hǎo chī.
好吃。
하우 츠

기본표현

스프 맛이 어떻습니까?

What do you think of the soup?

スープの味はいかがですか。
스- 뿌노아지와이까가데스까

tāng de wèidao zěnmeyàng?
汤 的 味道 怎么样?
탕 더 워이따우쩐머 양

아주 맛있었습니다. 잘 먹었습니다.

The meal was delicious, thank you.

たいへんおいしかったです。
타이헹 오이시 깟따데스

ごちそうさま。
고찌 소-사마

fēicháng hǎochī. chī de hěnhǎo.
非常 好吃。吃 得 很好。
페이 창 하우 츠   츠 더 헌 하우

기본표현

마음에 드신다니 기쁩니다.

I'm glad you liked it.

気に入ってもらえてうれしいです。
키니 잇 떼모라에떼우레 시- 데스

nǐ xǐhuan tā, wǒ jiù hěngāoxìng。
你 喜欢 它, 我 就 很高兴。
니 씨환 타 워 찌우 헌 까우씽

마실 것은 무엇으로 하시겠습니까?

What would you like to drink?

お飲み物は何になさいますか。
오노 미모노와 난 니 나 사 이 마 스 까

nǐ xiǎng hē diǎnr shénme?
你 想 喝 点儿 什么?
니 쌍 허 띠앨 썬머

Part 07 _ 취미

기본표현

커피 마시겠어요?

Would you like some coffee?

コーヒー飲みますか。
코- 히- 노 미 마 스 까

nǐ xiǎng hē kāfēima?
你 想 喝 咖啡吗?
니 쌍 허 카 페 이 마

커피라도 마시지 않겠습니까?

**Would you like
a cup of coffee?**

コーヒーでも飲みませんか。
코- 히- 데 모 노 미 마 셍 까

wǒmen hē bēi kāfēi, zěnmeyàng?
我们 喝 杯 咖啡, 怎么样?
워 먼 허 뻬이 카 페이 쩐 머 양

기본표현

커피 한 잔 더 드시겠어요?

How about another cup of coffee ?

コーヒーをもう一杯(いっぱい)いかがですか。
코- 히- 오 모- 입빠이 이 까가데스까

再来 一杯 咖啡 怎么样?
zài lái yìbēi kāfēi zěnmeyàng?
짜이 라이 이 뻬이 카 페이 쩐 머 양

조금씩.

Little by little.

すこしずつ。
스꼬시즈쯔

一点儿,一点儿地。
yì diǎnr yì diǎnr de.
이 띠앨 이 띠앨 더

Part 07 _ 취미

기본표현

충분합니다.

That's enough.

もう十分です。
모- 쥬-분데스

够了。
꺼우 러

디저트로는 뭐가 있습니까?

What do you have for dessert?

デザートには何がありますか。
데 자- 또니와 나니가 아리마스까

甜食 都 有 什么?
티앤 쓰 떠우 여우 썬 머

기본표현

여가 시간에는 뭘 하십니까?

What do you do in your leisure time?

暇なとき は 何 を します か。

히마 나 토 끼 와 나니오 시 마 스 까

nǐ zài kòngxián shíjiān zuò xiē shénme?
你 在 空闲 时间 做 些 什么?

니 짜이 쿵 씨앤 쓰 지앤 쭤 씨에 썬 머

노래하러 갈까?

How about singing?

歌わない?

우따 와 나 이

qù chàng gēr, zěnmeyàng?
去 唱 歌儿, 怎么样?

취 창 걸 쩐 머 양

Part 07 _ 취미

기본표현

기분 좋아요.

I feel good.

き も ち
気持いいよ。

키모찌 이- 요

wǒ　xīnqíng　hěnhǎo。
我 心情 很好。

워　씬　칭　헌 하우

대학시절 가장 좋았던 추억은 무엇입니까?

What's your best memory of your college days?

だいがくじだい　　いちばん　　おも　で　　なん
大学時代の 一番いい 思い出は 何ですか。

다이가꾸지다이노 이찌방 이- 오모이데 와 난데스까

nǐ　dàxué　shídài　zuìhǎo　de　huíyì　shì　shénme?
你 大学 时代 最好 的 回忆 是 什么?

니　따쒜　쓰따이　쭈이하우　더　후이이　쓰　썬머

기본표현

현재 읽고 있는 책은 무엇입니까?

What book are you reading at the moment?

現在、読んでいる本は何ですか。
겐자이 욘데이루홍와 난데스까

nǐ xiànzài dúde shì shénme shū?
你 现在 读的是 什么 书?
니 씨앤짜이 두더 쓰 썬머 쑤

최근 읽은 책 중에서 가장 인상 깊은 책은 무엇입니까?

What's the most impressive book you've read recently?

最近読んだ本の中で、もっとも
사이낀 욘다혼노나까데 못또모

印象深い本は何ですか。
인쇼-부까이 홍와 난데스까

nǐ zuìjìn dú de shū dāngzhōng,
你 最近 读 的 书 当中,
니 쭈이찐 두 더 쑤 땅쫑

yìnxiàng zuìshēn de shì nǎyìběn?
印象 最深 的 是 哪一本?
인썅 쭈이썬 더 쓰 나이뻔

Part 07 _ 취미

기본표현

열심히 공부하세요.
그러면 시험에 합격합니다.

Work hard, and you will
pass the examination.

しっかり勉強しなさい。
식 까리 벵꾜- 시나사이

そうしたら、試験に合格します。
소우시타라 시껜니 고-까꾸시마스

nǔlì yònggōng, nàme nǐ jiùhuì tōngguò kǎoshìde.
努力 用功, 那么 你 就会 通过 考试的。
누리 융꿍 나머 니 찌우후이 퉁꿔 카우쓰더

어떤 동물을 제일 좋아합니까?

What animal do you like best?

何の動物がいちばん好きですか。
난 노 도-부쯔가 이찌 반 스 끼데스까

nǐ zuì xǐhuan shénme dòngwù?
你 最 喜欢 什么 动物?
니 쭈이 씨환 썬머 뚱우

기본표현

영화는 좋아합니까?

Are you a moviegoer?

えいが す
映画が好きですか。
에-가 와 스끼 데 스 까

nǐ xǐhuan kàn diànyǐng ma?
你 喜欢 看 电影吗?
니 씨 환 칸 띠앤잉 마

최근 좋은 영화를 보신 적이 있습니까?

Have you seen any good movies lately?

さいきんなに えいが み
最近何かいい映画を見ましたか。
사이낀 나니까 이- 에이가 오 미 마 시 따 까

nǐ zuìjìn kàn guo yíbù hǎo diànyǐngma?
你 最近 看 过 一部 好 电影吗?
니 쭈이찐 칸 꿔 이 뿌 하우 띠앤잉 마

응용표현

우린 같은 취미를 가졌군요.

We have the same hobby.

私^{わたし}たちの趣味^{しゅみ}は同^{おな}じですね。
와따시 따찌 노 슈미 와 오나지 데스 네

wǒmen yǒu tóngyàng de'àihào。
我们 有 同样 的 爱好。
워 먼 여우 퉁 양 더 아이 하우

영화를 보러 가지 않겠습니까?

Shall we go to the movies?

映画^{えいが}を見^みに行^いきませんか。
에이가 오 미 니 이 끼 마 셍 까

wǒmen qù kàn diànyǐng, hǎoma?
我们 去 看 电影, 好吗?
워 먼 취 칸 띠앤잉, 하우 마

응용표현

영화는 재미있었습니까?

Did you enjoy the movie?

映画は楽しかったですか。
에이가 와 타노시 깟 따 데스 까

电影 有 意思吗?
diànyǐng yǒu yìsima?
띠앤잉 여우 이 쓰 마

또 한잔 어때요?

Would you like a refill?
(Would you like some more?)

もう一杯どうですか。
모- 잇빠이 도- 데스 까

再 来 一杯, 怎么样?
zài lái yìbēi, zěnmeyàng?
짜이 라이 이 뻬이, 쩐 머 양

응용표현

취미는 뭐예요?

What is your hobby?

趣味は何ですか。
슈미와 난데스까

nǐde àihào shì shénme?
你的 爱好 是 什么?
니더 아이하오 쉬 션머

나는 골프에 관심이 많아요.

I'm really into Golf.

私はゴルフに興味がたくさんあります。
와따시와 고루후니 쿄-미가타꾸 상 아리마스

wǒ duì gāo'ěr fū qiú hěn gǎnxìngqù.
我 对 高尔夫 球 很 感兴趣。
워 뚜이 가오얼 푸 치우 헌 간싱취

응용표현

이 책은 정말 재미있군요!

How interesting this book is!

この本は本当におもしろいですよ。
코 노 홍 와 혼 토- 니 오 모 시 로 이 데 스 요

zhèběn shū zhēnde hěn yǒu yìsi。
这本 书 真的 很 有 意思。
쩌번 슈 전더 헌 요우 이스

지식은 즐거움이다.

Knowledge is pleasure.

知識は楽しさだ。
치시끼 와 타노시사 다

zhīshi jiùshì kuàilè。
知识 就是 快乐。
쯔쉬 찌우쉬 콰이러

Part 07 _ 취미 133

단어 Plus

한국어	영어	일본어	중국어
그림	drawing	絵 에	画 화
꿈	dream	夢 유메	梦 멍
독서	reading	読書 도쿠쇼	读书 두쑤
사진	picture	写真 샤싱	照片 쪼우피앤
전공	major	専攻 셍꼬-	专业 쭈안예
대학교	university	大学 다이가꾸	大学 따쉬에
대학원	graduate school	大学院 다이가꾸인	大学研究院 따쉬에이앤지우왠
취미	hobbies	趣味 슈미	爱好 아이하우
특허	patent	特許 톡쿄	专利 쭈안리
인형	doll	人形 닝교-	娃娃 와와
책	book	本 홍	书 쑤
도서관	library	図書館 토쇼캉	图书馆 투쑤관
가수	singer	歌手 카슈	歌手 거써우
미술관	galley	美術館 비쥬쯔깡	美术馆 메이쑤관
서점	bookstore	書店 쇼뗑	书店 쑤띠앤

Part 08

스포츠
Sports
スポーツ
스뽀-쯔

yùndòng
运 动
윈 뚱

기본표현

어떤 스포츠를 좋아하세요?

What kinds of sports do you like?

どんなスポーツがお好きですか。
돈 나 스 뽀- 쯔가 오스끼데스까

nǐ　xǐhuan　zuò　shénme　yùndòng?
你 喜欢 做 什么 运动?
니　씨환　쮜　썬머　윈뚱

야구를 가장 좋아해요.

Baseball is my favorite.

野球が一番好きです。
야 뀨- 가 이찌방 스 끼 데 스

wǒ　zuì　xǐhuan　dǎ　bàngqiú。
我 最 喜欢 打 棒球。
워　쭈이　씨환　따　빵치우

기본표현

골프 잘 치세요?

Are you good at golf?

ゴルフが得意ですか。
고루후 가 토꾸이 데스 까

你 高尔夫 球 打得 好吗?
nǐ gāo'ěrfū qiú dǎde hǎoma?
니 까우얼푸 치우 따더 하우 마

보통 입니다.

I'm an average player.

私のプレイは普通です。
와따시노 푸레이 와 후쯔- 데스

我 打得 一般。
wǒ dǎde yìbān.
워 따더 이빤

기본표현

그녀는 골프를 합니까?

Does she play golf?

彼女はゴルフをしますか。
카노죠 와 고루후 오 시마스까

tā dǎ gāo'ěrfū qiú ma?
她 打 高尔夫 球 吗?
타 따 까우얼푸 치우 마

골프 연습장에서 연습을 합니까?

Do you practice at a driving range?

ゴルフ練習場で練習をしますか。
고루후 렌슈-죠-데 렌슈-오 시마스까

nǐ zài gāo'ěrfū qiú xùnliànchǎng shang liànxí ma?
你 在 高尔夫 球 训练场 上 练习 吗?
니 짜이 까우얼푸 치우 쒼리앤창 쌍 리앤씨 마

기본표현

보통 어디로 테니스하러 갑니까?

Where do you usually go to play tennis?

普通どこへテニスに行きますか。
후쯔- 도꼬에 테니스니 이끼마스까

nǐ jīngcháng qù nǎr dǎ wǎngqiú?
你 经常 去 哪儿 打 网球?
니 찡창 취 날 따 왕치우

운동은 얼마나 자주 하십니까?

How often do you work out?

どのくらい運動していますか。
도노쿠라이 운도- 시떼이마스까

nǐ jīngcháng duànliàn shēntǐ ma?
你 经常 锻炼 身体 吗?
니 찡창 똰리앤 썬티 마

기본표현

수영하는 것을 좋아합니다.

I like to swim.

泳ぐのが好きです。
오요구노가스끼데스

wǒxǐ huanyóu yǒng。
我 喜欢 游泳。
워 씨환 여우웅

같이 가지 않겠습니까?

Won't you come along?
(How about going out with me?)

いっしょに行きませんか。
잇 쇼니 이끼마셍까

wǒmen yìqǐ qù, hǎoma?
我们 一起 去，好吗?
워 먼 이 치 취 하우 마

기본표현

나는 가끔 운동을 합니다.

I sometimes exercise.

私は時々運動します。
와따시와 토끼도끼 운도- 시 마 스

我 有时 锻炼。
wǒ yǒushí duànliàn.
워 여우쓰 똰 리앤

몇 년째 하고 있습니까?

How many years have you practiced?

何年やっていますか。
난 넹 얏 떼이마스까

你 练习 几年了?
nǐ liánxí jǐniánle?
니 리엔씨 지 니앤 러

기본표현

저는 등산을 정말 좋아해요.

I really enjoy mountain climbing.

私は本当に登山が好きです。
와따시와 혼또-니 토장가 스끼데스

wǒ fēicháng xǐhuan dēngshān yùndòng。
我 非常 喜欢 登山 运动。
워 페이창 씨환 떵싼 윈뚱

한라산에 등산한 일이 있습니까?

Have you ever climbed Mt. Halla?

ハンラサンに登ったことが
한 라 산 니 노봇따코또가

ありますか。
아리마스까

nǐ pāndēng guo hànnáshān ma?
你 攀登 过 汉拿山 吗?
니 판떵 꿔 한나싼 마

응용표현

골프 잘 치세요?

Are you good at golf?

ゴルフが得意ですか。
고루후가토꾸이데스까

你 高尔夫 球 打得 好吗?
nǐ gāo'ěrfū qiú dǎde hǎoma?
니 까우얼푸 치우 따더 하우마

나는 가끔 운동을 합니다.

I sometimes exercise.

私は時々運動します。
와따시와 토끼도끼운도- 시마스

我 有时 锻炼。
wǒ yǒushí duànliàn。
워 여우쓰 똰리앤

응용표현

함께 춤출까요?

Shall we dance?

踊^{おど}りませんか。
오도리마 셍 까

yìqǐ tiàowǔ, hǎoma?
一起 跳舞，好吗?
이 치 탸우 우, 하우 마

좋을 대로 하세요.

Have a good time.
(Enjoy yourself.)

自由^{じゆう}に楽^{たの}しんでください。
지유-니타노신 데쿠다사이

guòde kuàilè。
过得 快乐。
꿔 더 콰이 러

응용표현

잘했어요!

Way to go!

よくできました。
요꾸데끼마시따

做得 好。
zuòde hǎo。
쭈오더 하오

수영하는 방법을 가르쳐 주세요!

Will you teach me how to swim.

およぎかたを教えてください。
오요기카따오오시에떼쿠다사이

你 教我 游泳, 好吗?
nǐ jiāowǒ yóuyǒng, hǎoma?
니 찌아오 요우용 하오마

응용표현

골프와 낚시 중 어느 것을 더 좋아하세요?

Which do you like better, golf or fishing?

ゴルフと釣りの中でどちらが好きですか。
고루후또 쯔리노 나까데 도찌라가 스끼데스까

gāo'ěrfū qiú hé diàoyú,
高尔夫 球 和 钓鱼,
까오얼푸 치우 허 띠아오위

nǐ gèng xǐhuan nǎ yígè。
你 更 喜欢 哪 一个?
니 껑 씨후안 나 이거

단어 Plus

한국어	영어	일본어	중국어
수영	swimming	水泳 스이에이	游泳 여우융
축구	soccer	サッカー 삭까-	足球 주치우
규칙	rule	規則 키소꾸	规则 꾸이저
과학	science	科学 카가쿠	科学 커쉬에
학생	student	学生 가꾸세-	学生 쉬에생
청년	young man	青年 세이넨	青年 칭니앤
유행	fashion	流行 류-꼬-	流行 리우싱
신문	newspaper	新聞 심봉	报子 빠우즈
기대	expecation	期待 키따이	期待 치따이
걷다	walk	歩く 아루쿠	走 저우
계약	contract	契約 케야쿠	合同 허퉁
건강	health	健康 켕꼬-	健 찌앤캉
희망	hope	希望 키보-	希望 씨왕
교육	education	教育 키요이꾸	教育 짜우위
교류	exchange	交流 코-류-	交流 쟈우리우

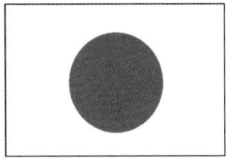

❀ 일본지도

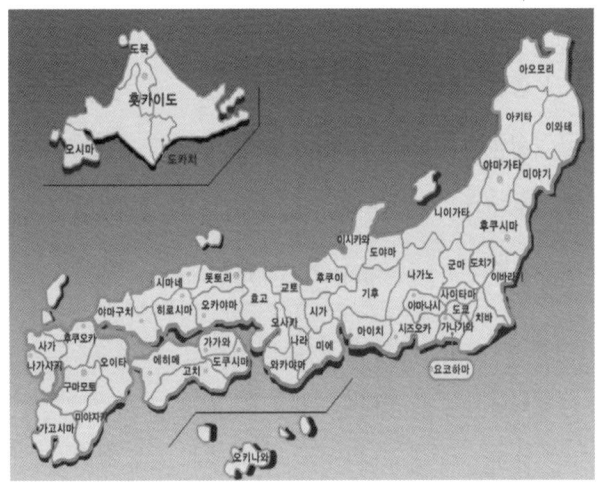

일본경찰 110
구급차 119
전화번호 안내 104
주일 한국대사관 (03)3452—7611 도쿄

Part 09

쇼핑
Shopping
買物
カイ モノ
购物
gòuwù
꺼우 우

기본표현

부디 어서.

Please.

どうぞ。
도- 조

qǐng。
请。
칭

어서 오세요.

May I help you?

いらっしゃいませ。
이 랏 샤 이마세

huānyíng guānglín。
欢迎 光临。
환 잉 꽝 린

기본표현

아침 몇 시에 엽니까?

What time do they open in the morning?

朝は何時に開きますか。

아사와 난 지 니 히라끼마스까

zǎochén jǐdiǎn kāimén?
早晨 几点 开门?

짜우 천 지 띠앤 카이 먼

이것을 보여주세요.

Can you show me this one?

これを見せてください。

코 레 오 미세 떼 쿠 다 사 이

ràng wǒ kànkan zhège。
让 我 看看 这个。

랑 워 칸 칸 쩌 거

기본표현

사이즈를 모릅니다.

I don't know my size.

サイズがわかりません。
사 이 즈 가 와 까 리 마 센

wǒ bùzhīdao chuān duōdà hàode。
我 不知道 穿 多大 号的。
워 뿌즈따우 찬 둬 따 하우

이거 어디 제품이에요?

Where is this made?

これはどこの製品(せいひん)ですか。
코 레 와 도 꼬 노 세- 힌 데 스 까

zhè shì nǎr chǎnde?
这 是 哪儿 产的?
쩌 쓰 날 찬 더

기본표현

좋아요.

I like it.

好きですよ。
스끼데스요

xǐhuan。
喜欢。
씨 환

이 옷을 입어 봐도 될까요?

May I try this on?

これを試着してみていいですか。
코레오 시쨔꾸시떼미떼 이- 데스까

zhè jiàn yīfu wǒ kěyǐ shìchuān ma?
这 件 衣服 我 可以 试穿 吗?
쩌 찌앤 이푸 워 커이 쓰촨 마

기본표현

이거 봐 주세요.

Check this out.

これ見てください。

코레미떼쿠다사이

bāng wǒ kànkan zhège。
帮 我 看看 这个。

빵 워 칸칸 쩌거

좀더 큰 것이 있습니까?

Do you have anything larger than this?

もう少し大きいサイズはありますか。

모- 스꼬시 오-끼- 사이즈와아리마스까

yǒu méiyǒu zài dà yìdiǎnr de?
有 没有 再 大 一点儿 的?

여우 메이여우 짜이 따 이 띠앨 더

기본표현

딱 맞습니다.

It fits me perfectly.

ぴったりです。
핏 따리데스

fēicháng héshēn。
非常 合身。
페이 창 허 션

이걸 사겠어요.

I'll take this.

これをください。
코레오쿠다사이

wǒ yào mǎi zhège。
我 要 买 这个。
워 야우 마이 쩌 거

기본표현

전부 얼마예요?

How much for all of these?
(What's the total?)

全部でいくらですか。
젬부데이꾸라데스까

一共 多少 钱?
yígòng duōshǎo qián?
이 꿍 둬 싸우 치앤

너무 비싸요.

That's too high.

高すぎます。
타까 스기 마스

太贵了。
tài guìle。
타이 꾸이 러

기본표현

이것으로 세 개 주세요.

I'll take three of these.

これを三つください。
코 레 오 밋 쯔 쿠 다 사 이

zhège gěi wǒ sānge。
这个 给 我 三个。
쩌 거 게이 워 싼 거

좀 더 싸게 안 됩니까?

Can you go any lower?

もっと安くならないですか。
못 또 야스꾸 나 라 나 이 데 스 까

néngbunéng zài piányi yìdiǎnr?
能不能 再 便宜 一点儿?
넝 부 넝 짜이 피앤 이 이 띠앨

기본표현

좀 더 싸게 해주세요.

Is that your best price?

もっと安^{やす}くしてください。
못 또 야스꾸시떼 쿠다사이

再 便宜 一点儿 吧。
zài piányi yìdiǎnr ba
짜이 피앤이 이 띠앨 바

또 한 장 주세요.

Give me one more.

もう一枚^{いちまい}ください。
모 우 이찌마이 쿠다사이

再 给 我 一张。
zài gěi wǒ yìzhāng
짜이 게이 워 이 짱

기본표현

이것을 포장해 주시겠어요?

Will you wrap this?

贈り物用に包んでもらえますか。
おく ものよう つつ
오꾸리 모노요-니 츠쯘 데모라에마스까

qǐng gěi wǒ bāozhuāng yíxià, hǎoma?
请 给 我 包装 一下，好吗?
칭 게이 워 빠우쫭 이 쌰 하우 마

식료품은 슈퍼마켓에서 삽니까?

Do you go grocery shopping at a supermarket?

食料品はスーパーで買いますか。
しょくりょうひん か
쇼꾸료-힝 와 스- 빠- 데 카이마스까

zài chāoshì li mǎi shípǐn ma?
在 超市 里 买 食品 吗?
짜이 차우쓰 리 마이 쓰 핀 마

기본표현

어디서 샀어요?

Where did you buy that?

どこで買いましたか。
도꼬데 카이마시따까

你 是 在 哪儿 买的?
nǐ shì zài nǎr mǎide?
니 쓰 짜이 날 마이더

얼마 입니까?

How much is the fare?

いくらですか。
이꾸라데스까

多少钱?
duōshao qián?
둬 싸우 치앤

기본표현

제가 사겠습니다.

I'll treat you.

ごちそうしますよ。
고찌 소-시마스요

wǒqǐngkè。
我请客。
워 칭 커

계산서 좀 갖다 주시겠어요?

Can I have the check, please?

お勘定をお願いします。
오 칸 죠- 오오네가이시마스

qǐng gěi wǒ ná zhàngdān, hǎoma?
请 给 我 拿 帐单, 好吗?
칭 게이 워 나 짱 딴 하우 마

기본표현

계산해 주세요.

Check, please.

勘定(かんじょう)してください。
칸 죠- 시 테 쿠 다 사 이

jiézhàng。　　măidān。
结帐。/ 买单。
지에 짱　　마이 딴

각자 부담합시다!

Let's go Dutch!

ワリカンにしましょう!
와 리 깐 니 시 마 쇼-

gè　 fù　 gède　 qiánba!
各 付 各的 钱吧!
꺼　푸　꺼 더 치앤 바

응용표현

어서 오세요.

May I help you?

いらっしゃいませ。
이 랏 샤 이 마 세

huānyíng guānglín。
欢迎 光临。
환 잉 꽝 린

저것을 보여 주시겠습니까?

Could you show me that one, please?

あれを 見せて くださいますか。
아 레 오 미 세 떼 쿠 다 사 이 마 스 까

nǐ néng gěi wǒ kànkan nà ge ma?
你 能 给 我 看看 那个 吗?
니 넝 게이 워 칸 칸 나 거 마

Part 09 _ 쇼핑

응용표현

얼마 입니까?

How much (is it)?

おいくらですか。
오 이 쿠 라 데 스 까

duō shǎo qián?
多少钱?
둬 싸우 치앤

계산해 주세요.

Check, please.

お勘定を お願いします。
오 칸 죠-오 네 가 이 시 마 스

jiézhàng。 / mǎidān。
结帐。/ 买单。
지에 짱 / 마이 딴

응용표현

와인을 좋아 하세요?

Do you like wine?

ワインが好きですか？
와 인 가 스끼데스까

nǐ xǐhuan hē pútáo jiǔ ma?
你 喜欢 喝 葡萄 酒 吗?
니 씨한 허 푸타오 찌우 마

건배합시다.

Let's make a toast.

乾杯しましょう。
캄 빠이 시 마 쇼-

gānbēi。
干杯。
깐베이

응용표현

자. 먹어봅시다.

Let's start eating.

では、食べましょう。
데 와 타 베 마 쇼-

lái, chība。
来，吃吧。
라이 츠바

나는 이미 점심을 먹었어요.

I have already eaten lunch.

私は、もう昼御飯を食べました。
와따시와 모- 히루고항 오 타 베 마 시 따

wǒ yǐjīng chīle wǔfàn。
我 已经 吃了 午饭。
워 이징 츠러 우판

단어 Plus

한국어	영어	일본어	중국어
쇼핑	shopping	ショッピング 쇼핑구	逛街 꽝지에
백화점	department store	デパート 데파또	百货商店 빠이후어쌍띠앤
가게	store	店 미세	商店 쌍띠앤
가격	price	価格 카까꾸	价格 찌아거
견본	sample	見本 미홍	样品 양핀
금	gold	金 킨	金 찐
시장	market	市場 이찌바	市场 쓰창
음식	food	食べ物 타베모노	食物 쓰우
안경	eyeglasses	眼鏡 메가네	眼镜 이앤찡
교환	change	交換 코-칸	交换 쟈우환
고기	meat	肉 니꾸	肉 러우
김	dry laver	海苔 노리	紫菜 즈차이
현금	cash	現金 갠킹	现金 씨앤찐
영수증	receipt	領収証 료-슈-쇼	收据 써우쮜
요금표	price list	料金表 료-낑효	收费表 써우페이빠우

Part 09 _ 쇼핑

자주 쓰는 과일 관련 단어

한국어	영어	일본어	중국어
감	persimmon	柿 카키	柿子 스즈
밤	chestnut	栗 쿠리	栗子 리즈
복숭아	peach	もも 모모	桃子 타오즈
포도	grape	葡萄 부도-	葡萄 푸타오
참외	melon	うり 우리	香瓜 시앙과
수박	watermelon	すいか 스이카	西瓜 씨과
사과	apple	りんご 링고	苹果 핑구어
배	pear	梨 나시	梨 리
오랜지	orange	みかん 미캉	桔子 쥐즈
과일	fruits	果物 쿠다모노	水果 쑤이궈

호 텔
The Hotel

ホテル
호테루

fàndiàn
饭店
판　　띠앤

기본표현

여행을 자주 합니까?

Do you do a lot of travelling?

旅行をよくしますか。
료꼬-오 요꾸시마스까

你 经常 去 旅行 吗?
nǐ jīngcháng qù lǚxíng ma?
니 찡창 취 뤼씽 마

미국에 간 적이 있습니까?

Have you ever been to America?

アメリカへ行ったことがありますか。
아메리까에 잇따코또가아리마스까

你 去过 美国 吗?
nǐ qùguo měiguó ma?
니 취꿔 메이궈 마

기본표현

여행의 목적은 무엇입니까?

What's the purpose of your visit?

りょこう　もくてき　なん
旅行の目的は何ですか。
료꼬-노 모꾸떼끼와 난 데스 까

lǚxíng de mùdì shì shénme?
旅行 的 目的 是 什么?
뤼씽 더 무디 쓰 썬머

뉴욕에 도착하는 데는 얼마나 걸립니까?

How many hours to New York?

あとどれくらいでニューヨークに
아또 도레쿠라이데　뉴-요-꾸 니

つ
着きますか。
츠끼마스까

dào niǔyuē xūyào duōcháng shíjiān?
到 纽约 需要 多长 时间?
따우 뉴 웨 쒸 야우 둬 창 쓰 지앤

기본표현

이 비행기는 곧 뉴욕에 도착합니다.

This plane will soon arrive at New York.

この飛行機はすぐに
코노 히꼬-끼 와 스구니

ニューヨークに着きます。
뉴- 요- 꾸니 츠끼마스

zhè jià fēijī jiùyào dào niǔyuēle.
这 架 飞机 就要 到 纽约了。
쩌 쨔 페이 지 찌우야우 따우 뉴 웨 러

잊은 것은 없습니까?

Do you have everything?
(Have you forgotten anything?)

忘れ物ないですか。
와스레모노 나이 데스 까

nǐ diūle shénme dōngxi méiyǒu?
你 丢了 什么 东西 没有?
니 떠우러 썬머 뚱씨 메이여우

기본표현

표가 없어졌어.

I lost my ticket.
(It's gone.)

切符がなくなっちゃった。
킵뿌가 나꾸 낫쨧따

wǒde piào diūle。
我的 票 丢了。
워더 퍄우 띠우러

여권을 보여주세요.

May I see your passport, please?

パスポートを見せてください。
파스뽀-또오미세떼쿠다사이

qǐng gěiwǒ kàn yíxià hùzhào。
请 给我 看 一下 护照。
칭 게이워 칸 이샤 후짜우

Part 10 _ 호텔 173

기본표현

신고할 것은 있습니까?

Do you have anything to declare?

申告^{しんこく}するものはありますか。
싱꼬꾸스루모노와아리마스까

yǒu méiyǒu yào shēnbào de dōngxi?
有 没有 要 申报 的 东西?
여우 메이 여우 야우 션 빠우 더 뚱 씨

어느 정도 있을 것입니까?

How long are you going to stay?

どのぐらい滞在^{たいざい}しますか。
도 노 구 라 이 타이자이시 마 스 까

nǐ dāi duōcháng shíjiān?
你 呆 多长 时间?
니 따이 둬 창 쓰지앤

기본표현

어디에 숙박할 예정입니까?

Where are you going to stay?

どこに泊まる予定ですか。

도꼬니 토마루 요떼- 데스까

你 打算 住 哪儿?
nǐ dǎsuan zhù nǎr?

니 따쏸 쭈 날

오늘 밤 빈 방 있습니까?

Do you have a room for the night?

今晩、部屋はありますか。

콤방 헤야 와 아리마스까

今天 晚上 有 空房间 吗?
jīntiān wǎnshang yǒu kòngfángjiān ma?

찐 티앤 완 쌍 여우 쿵 팡지앤 마

기본표현

전망이 좋은 방으로 주세요.

I'd like a room with a nice view.

眺めのいい部屋をお願いします。
나가메노 이-헤야오 오네가이시마스

wǒ xiǎngyào yìjiān fēngjǐng hǎode fángjiān。
我 想要 一间 风景 好的 房间。
워 쌍야우 이 찌앤 펑징하우 더 팡 지앤

아침은 포함되어 있습니까?

Is breakfast included?

朝食は付いてますか。
쵸-쇼꾸와 츠이떼마스까

bāo kuò zǎo cānma?
包 括 早 餐吗?
빠우 쿼 짜우 찬 마

기본표현

체크인 부탁합니다.

I'd like to check in.

チェックインをお願いします。
첵 꾸 잉 오 오네가이시 마 스

wǒ yào dēngjì.
我 要 登记。
워 야우 떵 지

좀 더 조용한 방은 없습니까?

Do you have any quieter rooms?

もっと静かな部屋はありますか。
못 또 시즈까 나 헤 야 와 아 리 마 스 까

yǒu méiyǒu gèng'ānjìng de fángjiān?
有 没有 更 安静 的 房间?
여우 메이여우 껑 안 찡 더 팡 지앤

Part 10 _ 호텔

기본표현

이 방으로 하겠습니다.

I'll take this room.

このへやにします。
코 노 헤 야 니 시 마 스

wǒ　jiùyào　zhèige　fǎngjiān。
我 就要 这个 房间。
워 찌우야우 쩌 거 팡 지앤

체재를 하루 연기하고 싶습니다.

I want to stay one more night.

滞在を一日延長したいです。
たいざい　いちにちえんちょう

타이자이오 이찌니찌엔쬬- 시 따 이 데 스

wǒyào　zài　zhù　yìtiān。
我要 再 住 一天。
워 야우 짜이 쭈 이 티앤

응용표현

오늘밤 방이 있습니까?

Do you have a room for the night?

今晩、部屋はありますか。
콤방 헤야와아리마스까

jīn tiān wǎnshang yǒu kòngfángjiān ma?
今天 晚上 有 空房间 吗?
찐 티앤 완 쌍 여우 쿵 팡 지앤 마

김입니다. 체크인 부탁합니다.

I'd like to check in. My name is Kim.

金です。チェックインを お願いします。
김데스 체크인오 오네가이시마스

wǒ xìng jīn, wǒyào dēngjì。
我 姓 金,我要 登记。
워 씽 찐 워 야우 떵지

응용표현

조용한 방은 없습니까?

Do you have quieter rooms?

もっと 静かな 部屋は ありませんか。
못 또시즈까나 헤야와 아리마 셍 까

yǒu méiyǒu gèng'ānjìng de fáng jiān?
有 没有 更 安静 的 房间?
여우메이여우 껑 안 찡 더 팡 지앤

메뉴를 보여 주세요.

Could I have a menu, please?

メニューを 見せてください。
메 뉴- 오 미세떼쿠다사이

qǐng gěiwǒ kàn càidān。
请 给我 看 菜单。
칭 게이워 칸 차이 딴

응용표현

요금이 얼마 입니까?

What's the damage?

りょうきん
料金はいくらですか。
료-킹 와 이꾸라데스까

yào duōshao qián?
要 多少 钱?
야오 뚜오샤오 치엔

각자가 계산합시다.

Let's go Dutch.

わ かん
割り勘にしよう。
와리깡니시 오-

gè fù gède qiánba!
各 付 各的 钱吧!
거 푸 지더 치앤바

응용표현

이것은 내가 낼게. 알았어! 됐어!

This is on me. Say no more!

<ruby>今<rt>こん</rt>度<rt>ど</rt></ruby>は<ruby>私<rt>わたし</rt></ruby>がおごるよ。いいよ。
콘 도 와 와따시가오고루요　　이-요

zhècì wǒ qǐng。 bié zài shuōle。
这次 我 请。别 再 说 了。
쩌츠 워 칭 비에 짜이 슈어러

마실 것 좀 드릴까요?

Would you like something to drink?

<ruby>飲<rt>の</rt></ruby>み<ruby>物<rt>もの</rt></ruby>でもいかがですか。
노미모노데모이까가데스까

nǐ xiǎngyào hē diǎn shénme ma?
你 想要 喝 点 什么 吗?
니 샹야오 허 디엔 션머 마

단어 Plus

한국어	영어	일본어	중국어
비싸다	expensive	高い 타까이	贵 꾸이
맥주	beer	ビール 비-루	啤酒 피지우
메뉴	menu	メニュー 메뉴	菜单 차이딴
빵	bread	パン 팡	面包 미앤빠우
밥	rice	ご飯 고항	饭 판
식당	restaurant	食堂 쇼꾸도-	餐厅 찬팅
식사	meal	食事 쇼꾸지	(吃)饭 츠 판
커피	coffee	コーヒー 코-히-	咖啡 카페이
우유	milk	牛乳 기유니유	牛奶 니우나이
생선	fish	魚 사까나	鱼 위
사장	president	社長	总经理 쭝찡리
입구	entrance	入口 이리쿠찌	入口 루커우
카드	card	カード 카-도	卡 카
세금	tax	税金 제-낑	税 쑤이
호텔	hotel	ホテル 호테루	宾馆 삔관

자주 쓰는 음식 관련 단어

한국어	영어	일본어	중국어
김	dry laver	海苔 노리	紫菜 즈차이
감자	potato	じゃがいも 쟈가이모	土豆 투도우
쌀	rice	米 코메	大米 따미
아침	breakfast	朝ご飯 아사고항	早饭 자오판
음식	food	食べ物 타베모노	食物 쓰우
점심	lunch	昼食 츄-쇼꾸	午饭 우판
맛	taste	味 아지	味道 워이또우
저녁식사	dinner	夕食 유-쇼꾸	晚饭 완판
후식	dessert	デザート 데져트	点心 띠앤씬
점심때	afternoon	昼 히루	中午 쭝우

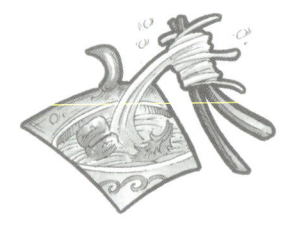

Part 11

관광
Sightseeing

観光
かんこう
캉 꼬-

旅游
lǚyóu
뤼 여우

기본표현

여기서 사진을 찍어도 되겠습니까?

Is it all right to take pictures here?

ここで写真を撮ってもいいですか。
코꼬데 샤싱오 톳떼모 이- 데스까

在 这儿 可以 拍 照片吗?
zài zhèr kěyǐ pāi zhàopiàn ma?
짜이 쩔 커 이 파이 짜우 피앤 마

사진 좀 찍어주세요.

Would you take a picture for me.

シャッターを押してもらえませんか。
샷 따- 오오시떼모라에마 셍 까

帮 我 拍 一张 照片 可以吗?
bāng wǒ pāi yìzhāng zhàopiàn kěyǐma?
빵 워 파이 이 짱 짜우 피앤 커 이 마

기본표현

사진을 찍어주시지 않겠습니까?

Could you please take a photo of us?

写真を撮っていただけませんか。
샤싱 오 톳 떼이따다께마 셍 까

请 帮 我 拍 一张 照片，可以吗?
qǐng bāng wǒ pāi yìzhāng zhàopiàn, kěyǐma?
칭 빵 워 파이 이 짱 짜우 피앤 커 이 마

정말 즐거웠습니다.

We had a very nice time.

とても楽しかったです。
토떼모 타노시 깟 따데스

我们 玩儿 得 很 痛快。
wǒmen wánr de hěn tòngkuai.
워먼 왈 더 헌 퉁 콰이

기본표현

당신은 내일 무엇을 할 예정입니까?

What are you going
to do tomorrow?

あなたは明日何をするつもりですか。
아 나 따 와 아시따 나니 오 스루 츠모리 데스 까

nǐ míngtiān dǎsuan gàn shénme?
你 明天 打算 干 什么?
니 밍 티앤 따 쏸 깐 썬 머

나는 내년 여름에 미국에 갈 예정입니다.

I will go to America next summer.

私は来年の夏にアメリカへ
와따시와 라이넨 노 나쯔니 아 메 리 까 에

行くつもりです。
이 꾸 츠모리 데스

wǒ dǎsuan míngnián xiàtiān qù měiguó。
我 打算 明年 夏天 去 美国。
워 따 쏸 밍 니앤 샤 티앤 취 메이 궈

기본표현

환전하고 싶어요.

I need to exchange money.

お金を両替したいです。
오 까네 오 료-가에 시 따 이 데 스

wǒyào huànqián。
我要 换钱。
워 야우 환 치앤

미국행 예약을 부탁합니다.

A reservation for America, please.

アメリカ行きの予約をお願いします。
아 메 리 카 유 끼 노 요 야꾸 오 오 네가이 시 마 스

qǐng hāngwǒ yùyuē qù měiguó de jīpiao。
请 帮我 预约 去 美国 的 机票。
칭 빵 워 위 위에 취 메이궈 떠 지 퍄오

Part 11 _ 관광 **189**

응용표현

오늘은 며칠입니까?

What's the date (today)?

きょう なんにち
今日は 何日ですか。
쿄- 와 난니찌데스까

jīn tiān   jǐ hào?
今天 几号?
찐 티앤 지 하우

오늘은 무슨 요일입니까?

What day (of the week) is it today?

きょう なんようび
今日は 何曜日ですか。
쿄- 와 난요우-비데스까

jīntiān   xīngqījǐ?
今天 星期几?
찐 티앤 씽 치 지

응용표현

이곳에서 유명한 것은 뭐예요?

What is good here?

ここで有名なものは何ですか。
코꼬데유-메-나모노와 난데스까

这儿 什么 最 有名?
zhèr shénme zuì yǒumíng?
쩔 션머 쭈이 요우밍

나는 아직 프랑스에 간적이 없어요.

I haven't been to France yet.

まだフランスに行ったことがありません。
마다후란스니 잇따꼬또가아리마센

我 还 没 去过 法国。
wǒ hái méi qùguo fǎguó.
워 하이 메이 취구워 파궈

Part 11 _ 관광

응용표현

신고 할 물건 있어요?

Do you have anything to declare?

しんこく
申告するものはありませんか。
싱꼬꾸 스루 모노 와 아리마 셍 까

yǒu méiyǒu yào shēnbào de dōngxi?
有 没有 要 申报 的 东西?
요우 메이요 야오 션바오 더 똥시

즐거운 여행이 되십시오.

Have a nice stay.

たの　　　たび
楽しい旅になりますように。
타노시이 타비니 나리마스 요-니

zhù nǐ lǚtú yúkuài。
祝 你 旅途 愉快。
쭈 니 뤼투 위콰이

단어 Plus

한국어	영어	일본어	중국어
가이드	guide	ガイド 가이도	导游 따우여우
관광	sightseeing	観光 캉꼬-	观光 꾸안꾸앙
교통	transportation	交通 코우쓰우	交通 쟈우퉁
박물관	museum	博物館 하꾸부쯔깡	博物馆 부어우관
졸업	graduation	卒業 소쯔교-	毕业 삐예
지도	map	地図 찌즈	地图 띠투
지갑	wallet	財布 사이후	钱包 치앤빠우
여권	passport	旅券 료껭	护照 후짜우
입학	school admittance	入学 뉴-가쿠	入学 루쉬에
유학	study abroad	留学 류-가꾸	留学 리우쉬에
입국	immigration	入国 뉴-꼬쿠	入境 루찡
대사관	embassy	大使館 타이시깡	大使馆 따스관
세계	world	世界 세카이	世界 쓰지에
무역	trading	貿易 보우에끼	贸易 미우이
면세점	duty free shop	免税店 멘제이뗑	免税店 미앤쑤이띠앤

❀ 중국지도

중국경찰 110
구급차 120
전화번호안내 114
주중한국대사관 (010)6505—3171

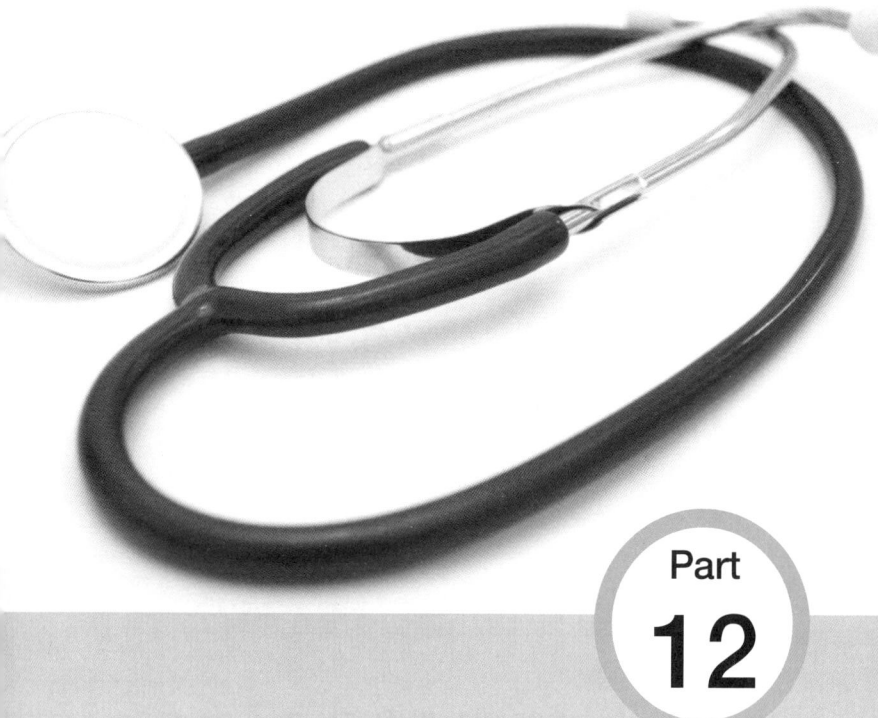

Part 12

병원
The Clinic
病院
びょういん
비요- 잉
医院
yī yuàn
이 위엔

기본표현

기분이 안 좋아요.

I feel sick.

具合が悪いです。
구 아이 가 와루이 데 스

我 不 舒服。
wǒ bù shūfu。
워 뿌 쑤 푸

머리가 아픕니다.

I have a headache.

頭痛がするんです。
즈쯔-가 스 룬 데 스

我头疼。
wǒtóuténg。
워 터우 텅

기본표현

열이 38도입니다.

I have a fever of 38 degrees.

熱が三十八度あります。
ねつ が さんじゅうはちど
네쯔가 산 쥬- 하찌도 아리마스

wǒ fāshāole, sānshí bā dù。
我 发烧了，三十 八 度。
워 파싸우러 싼 쓰 빠 뚜

어제부터 목이 아픕니다.

I've had a sore throat since yesterday.

昨日から喉が痛いです。
きのう のど いた
키노- 까라 노도가 이따이데스

cóng zuótiān kāishǐ sǎngzi téng。
从 昨天 开始 嗓子 疼。
충 쮀 티앤 카이 쓰 쌍 즈 텅

Part 12 _ 병원

기본표현

신경 쓰지 않아도 됩니다.

Don't worry about it.

気にしなくていいです。
키니시나꾸떼 이-데스

不要 担心。
búyào dānxīn.
부 야우 딴 씬

하루에 몇 번 먹습니까?

How many times a day should I take this?

一日に何回飲むのですか。
이찌니찌니 낭까이노무노데스까

一天 服用 几次?
yìtiān fú yòng jǐcì?
이 티앤 푸 융 지 츠

기본표현

여기에 주소를 써주세요.

Please write your address here.

ここに住所を書いてください。
코꼬니 쥬-쇼오카이떼 쿠다사이

在 这儿 写 你的 地址。
zài zhèr xiě nǐde dìzhǐ.
짜이 쩔 씨에 니더 띠즈

머리는 영어로 뭐라고 말합니까?

How do you say hair in English?

頭は英語で何というのですか。
아따마와 에-고데 난또이우노데스까

头，英语 怎么 说?
tóu, yīngyǔ zěnme shuō?
터우 잉위 쩐머 쒀

기본표현

주의하세요.

Take care.

気をつけてください。
키 오 츠 께 떼 쿠 다 사 이

dāngxīn。
当心。
땅 씬

담배를 피웁니까?

Do you smoke?

タバコを吸いますか。
타 바 꼬 오 스 이 마 스 까

nǐ xī yān ma?
你 吸烟 吗?
니 씨 앤 마

응용표현

감기에 걸렸어요.

I caught a cold.

風邪をひきました。
카제오 히끼마시따

wǒ gǎnmào le。
我 感冒 了。
워 간마오 러

머리가 아프고 기침이 심해요.

I have a headache and a bad cough.

頭が痛くて咳がひどいです。
아따마가 이따꾸떼 세끼가 히도이데스

tóuténg, yòu kéde lìhai。
头疼, 又 咳得 厉害。
토우떵, 요우 커더 리하이

응용표현

현기증(치통)이 납니다.

I feel dizzy. (I have a toothache)

めまいがします。
메 마 이 가 시 마 스

(歯痛がします。)
시쮸유가 시 마 스

tóuyūn。　(yáténg。)
头晕。(牙疼。)
토우윈　　(야텅)

설사(복통)를 합니다.

I have the runs.
(I have a stomachache)

下痢をします。
게 리 오 시 마 스

lādùzi。　　(dùziténg。)
拉肚子。(肚子疼。)
라뚜즈　　　(뚜즈텅)

응용표현

열이 나고 콧물이 나옵니다.

I have runny nose and fever.

熱が出て鼻水がでます。
ねつ が で はなみず
네쯔 가 데 떼 하나미즈가 데 마 스

发烧, 又 流 鼻涕。
fāshāo, yòu liú bítì
파샤오, 오루 리우 비티

구급차를 부탁해요.

Ambulance, please.

救急車を呼んでください。
きゅうきゅうしゃ を よ
큐큐샤오 온 데 쿠 다 사 이

请 叫 救护 车。
qǐng jiào jiùhù chē
칭 찌아오 찌우후 처

응용표현

건강진단은 받았어요?

I had a medical exam?

けんこうしんだん
健康診断はうけましたか。
켕 꼬- 신 단 와 우 께 마 시 따 까

nǐ　zuò　tǐjiǎn　lema?
你 做 体检 了吗?
니　쭈오　티지엔　러마

韓英日中 병원 관련 단어

한국어	영어	일본어	중국어
병원	hospital	病院(びょういん)	医院 (이위엔)
의사	doctor	医者(いしゃ)	医生 (이성)
간호사	nurse	看護士(かんごし)	护士 (후스)
내과	internal medicine	内科(ないか)	内科 (네이커)
외과	surgery	外科(げか)	外科 (와이커)
안과	ophthalmology	眼科(がんか)	眼科 (엔커)
이비인후과	ENT	耳鼻咽喉科(じびいんこうか)	耳鼻喉科 (얼비하우커)
피부과	dermatology	皮膚科(ひふか)	皮肤科 (피푸커)
치과	dentistry	歯科(しか)	口腔科 (아커)
소아과	pediatrics	小兒科(しょうにか)	小儿科 (씨알커)
정신과	psychiatry	精神科(せいしんか)	神经科 (선징커)
환자	patient	患者	病人 (삥르언)
주사	injection	注射(ちゅうしゃ)	注射 (주우셔)
감기	a cold	風邪(かぜ)	感冒 (깐마오)
약국	pharmacy	薬局(やっきょく)	药房 (야호황)

韓英日中 신체 관련 단어

한국어	영어	일본어	중국어
발	foot	足(あし)	脚 지야오
무릎	knee	膝(ひざ)	膝盖 치까이
발목	ankle	足首(あしくび)	脚后跟 쟈오허우껀
가슴	chest	胸(むね)	胸 슝
머리	head	頭(あたま)	头 터우
목	neck	首(くび)	脖子 뿨즈
배	abdomen	腹(はら)	肚子 뚜즈
어깨	shoulder	肩(かた)	肩膀 찌앤방
팔	arm	腕(うで)	胳膊 꺼뽀
등	back	背中(せなか)	背 뻬이
팔꿈치	elbow	肘(ひじ)	胳膊肘儿 꺼뽀저울
손	hand	手(て)	手 쇼우
손목	wrist	手首(てくび)	手腕子 쇼우완즈
손가락	finger	指(ゆび)	手指 쇼우즈

단어 Plus

한국어	영어	일본어	중국어
구급차	ambulance	救急車 큐큐-샤	救护车 찌우후처
간호사	nurse	看護婦 캉고후	护士 후쓰
감기	cold	風邪 카제	感冒 깐마우
환자	patient	患者 칸쟈	患者 환저
노인	old person	老人 로우진	老人 라우런
금지	prohibition	禁止 킨시	禁止 찐즈
원인	reason	原因 겡인	原因 왠인
머리	head	頭 아타마	头 터우
발	foot	足 아시	脚 쟈우
화장실	restroom	トイレ 토이레	卫生间 워이셩지앤
소변	unine	小便 쇼-벵	小便 싸우삐앤
진단서	diagnosis	診断書 신단쇼	诊断书 쩐뚜안쑤
의사	doctor	医者 이샤	大夫 따이푸
약국	medicine	薬局 약쿄꾸	药店 야우띠앤
병원	hospital	病院 비요-잉	医院 이위앤

한국, 중국, 일본, 미국에 대하여

한국의 명절은 음력 1월 1일이 설날이고, 1월 15일은 정월대보름이고, 5월 5일은 단오, 7월 7일은 칠석, 8월 15일 추석에는 성묘를 합니다.

중국의 명절은 음력 1월 1일을 춘절 (春節)이라 하여 세배를 하고,집에는 붉은 색 그림으로 장식하고 음식은 만두(자오즈)를 먹고,1월 15일 원소절까지 연휴를 하면서 가게 문을 닫고, 고향을 찾아 인구가 대이동 합니다. 5월 5일은 단오이고, 7월 7일은 칠석, 8월 15일은 중추절입니다.

일본의 명절은 양력으로 1월 1일이 설날(元日)이며 신사(神社)를 참배하고 죠우니라는 떡국 같은 음식을 먹습니다. 3월 3일은 하나마츠리, 5월 5일은 단오・어린이날, 7월 7일은 다나바다, 8월 15일 전후로 오봉이라 하여 13일부터 16일까지 선조의 묘를 참배합니다.

한국은 3월 초에 입학식을 하고 2월 말에 졸업식을 하는데, 일본은 4월초에 입학하여 3월말에 졸업식을 합니다. 한국에서는 따뜻한 온돌방이 발달한 반면, 일본은 돗자리 같은 다다미방이 발달하였는데, 그 원인은 섬나라의 습한 기후 때문입니다.

미국과 중국은 9월에 입학식을 하고, 8월에 졸업식을 하고 있습니다.

미국은 면적이 약 950만㎢로 남한의 95배로, 러시아, 캐나다 다음으로 세계 5위입니다.

세계경제의 25%를 생산하여 세계1위이며, 인구는 약 2억 명입니다.

Part 13

기타
Others
その他
ソノタ
qí tā
其他
치 타

기본표현

이것은 무엇입니까?

What are these?

これは何(なん)ですか。
코레와 난데스까

zhè shì shénme?
这 是 什么?
쩌 쓰 썬 머

저의 영어는 아직 부족합니다.

My English isn't good enough (yet).

わたしの英語(えいご)はまだ不十分(ふじゅうぶん)です。
와타시노 에-고 와 마다 후쥬-분데스

wǒde yīngyǔ hái bú tàihǎo。
我的 英语 还 不 太好。
워 더 잉 위 하이 부 타이 하우

기본표현

문 좀 열어주세요.

Please open the door.

(May I open the window?)

ドアを開けてください。

도 아 오 아께떼 쿠 다 사 이

qǐng gěi wǒ kāimén。
请 给 我 开门。
칭   게이 워   카이 먼

당신의 직업을 좋아합니까?

Do you like your job?

あなたは自分の仕事が好きですか。

아 나 따 와 지 분 노시고또 가 스 끼 데 스 까

nǐ xǐhuan nǐde gōngzuò ma?
你 喜欢 你的 工作 吗?
니   씨환   니더   꿍쥐   마

Part 13 _ 기타

기본표현

이곳에서 얼마나 근무하셨습니까?

How long have you been working here?

ここでどのぐらい働きましたか。

코 꼬 데 도 노 구 라 이 하따라끼 마 시 따 까

nǐ zài zhèr gōngzuò duōcháng shíjiān le?
你 在 这儿 工作 多长 时间 了?

니 짜이 쩔 꿍 줘 둬 창 쓰 지앤 러

3년 근무하였습니다.

I've put in more than 3 years.

三年間働きました。

산 넹 깡 하따라끼 마 시 따

gōngzuò le sānnián。
工作 了 三年。

꿍 줘 러 싼 니앤

기본표현

뭐든지 할 수 있어요.

Anything is OK.
(I can do anything.)

何でもやります。
난데모야리마스

wǒ shénme dōu kěyǐ zuò。
我 什么 都 可以 做。
워 썬머 더우 커이 쭤

택시를 불러주시겠습니까?

Will you call me a taxi?

タクシーを呼んでもらえますか。
타꾸시- 오 욘 데모라에마스까

gěiwǒ jiào yíliàng chūzū chē, hǎoma?
给我 叫 一辆 出租车, 好吗?
게이 워 쨔우 이량 추주처 하우마

기본표현

도와주세요.

Help me.

手伝ってください。
테 쯔닷 떼 쿠 다 사 이

bāngbangwǒ。
帮帮我。
빵 빵 워

포기하지 마!

Don't give up!

(Do your best!)

あきらめないで!
아 끼 라 메 나 이 데

búyào fàngqì!
不要 放弃!
부 야 우 팡 치

기본표현

잘해봐!

Good luck!

がんばって!
감 밧 떼

zhù nǐ hǎo yùn!
祝你好运!
쭈 니 하우 윈

알았어요.

I understand.

(I got it.)

わかったよ。
와 깟 따요

míngbáile。
明白了。
밍 빠이 러

기본표현

어찌 된 거야!

Oh, my God!

なんでだろう!
난 데 다 로-

ō, wǒde tiānna!
噢，我的 天哪!
오 워 더 티앤 나

괜찮아요?

Are you all right [OK]?

大丈夫ですか。
다이죠-부데스까

nǐ méishì ba?
你 没事 吧?
니 메이 쓰 바

기본표현

참을 수 없어요.

I can't take it.

がまんできないよ。
가 만 데 끼 나 이 요

wǒ shòu buliǎo。
我 受 不 了。
워 써우 부 랴우

화장실 어디예요?

May I use the toilet [bathroom].

トイレはどこですか。
토 이 레 와 도 꼬 데 스 카.

wèishēng jiān zài nǎr?
卫 生 间 在 哪儿?
워이 썽 지앤 짜이 날

기본표현

좋은 생각이야.

Good idea.

いいですね。
이- 데 스 네

hǎo zhǔ yi。
好主意。
하우 주 이

정말로?

Really?

ほんとう
本当に?
혼 또- 니

zhēndema?
真的吗?
쩐 더 마

기본표현

정말이에요.

I'm serious.

本当^{ほんとう}ですよ。
혼또-데스요

shì zhēnde。
是真的。
쓰 쩐 더

농담이에요.

Just joking.

冗談^{じょうだん}ですよ。
죠-단데스요

shì kāi wánxiào de。
是 开 玩笑 的。
쓰 카이 완 샤우 더

Part 13 _ 기타

기본표현

무슨 일이야?

What happened?

何か起った?
なに おこ
나니 까 오꼿 따

出了 什么 事儿?
chūle shénme shir?
추 러 썬 머 썰

아무것도 아니야.

No way!

とんでもない!
톤 데모나이

没什么。
méishénme.
메이 썬 머

기본표현

자, 먼저 하세요.

Please go ahead.

さあ、どうぞ。
사- 도- 조

nǐ xiān láiba。
你先来吧。
니 씨앤 라이 바

조금 자세히 알고 싶어요.

Tell me more about it.

ちょっと詳しく知りたいです。
촛 또쿠와시꾸시리따이데스

wǒxiǎng zhīdao xiángxì yìdiǎnr。
我想知道详细一点儿。
워 썅 즈따오 썅씨 이 띠앨

기본표현

자신이 하세요.

Do it yourself.

自分でやりなさい。
지분데 야리나사이

你 自己 做吧。
nǐ zì jǐ zuòba.
니 쯔지 쭤바

모르겠어요.

I don't know[understand].

わかりません。
와까리마셴

我不知道。
wǒ bù zhīdao.
워 뿌 즈 따우

기본표현

언제라도 좋아요.

Anytime is OK.

いつでもいいです。
이쯔데모 이- 데스

shénme shíhou dōu kěyǐ。
什么 时候 都 可以。
썬 머 쓰 허우 떠우 커 이

서둘러 주세요.

Please hurry.

急(いそ)いでください。
이소이데 쿠다사이

kuàidiǎnr。
快点儿。
콰이 띠앨

기본표현

부탁이 있습니다만.

Can I ask you a favor?

お願(ねが)いがありますが。
오네가이 가 아리 마 스 가

wǒ kěyǐ qǐng nín bāngge mángma?
我 可以 请 您 帮个 忙吗?
워 커이 칭 닌 빵거 망마

첫눈에 반했어요.

It was love at first sight.

ひとめでほれたよ。
히 또 메 데 호 레 따 요

yījiàn zhōng qíng。
一见钟情。
이 찌앤 쭝 칭

기본표현

계속 노력하세요.

Keep trying!

がんばってください。
감 밧떼쿠다사이

jì xù nǔ lì。
继续努力。
찌 쒸 누 리

당신은 할 수 있어요.

You can do it.

あなたはできるよ。
아 나 따 와 데 끼 루 요

nǐ néng zuòdào。
你能做到。
니 넝 쮀 따우

기본표현

하려면 지금 하세요.

It's now or never.

やるなら、今やりなさい。
야 루 나 라 이마 야 리 나 사 이

yàozuò, bùrú xiànzài jiù zuò。
要做，不如 现在 就 做。
야우 쭤 뿌 루 씨앤짜이 찌우 쭤

미안합니다. 모르겠어요.

Sorry. No idea.

すみません。わかりません。
스 미 마 센 와 까 리 마 센

duibuqǐ。 bùzhīdao。
对不起。 不知道。
뚜이 부 치 뿌 즈 따우

기본표현

어떻게 해야 좋을까요?

What should I do?

どうすればいいですか。
도- 스 레 바 이- 데 스 까

wǒ yīnggāi zěnme zuò?
我 应该 怎么 做?
워 잉 까이 쩐 머 쭤

아무도 몰라요.

Nobody knows.

だれもわからないよ。
다 레 모 와 까 라 나 이 요

shéi yě bùzhīdao。
谁 也 不知道。
쎄이 예 뿌 즈 따우

기본표현

정리해다오!

Put it away!

かたづ
片付けて!
카 따즈 께 떼

gěi wǒ zhěnglǐ yíxiàr!
给 我 整理 一下儿!
게이 워 쩡리 이 쌸

김씨, 전부 끝났어요.

All done, Mr. Kim.

きん　　　ぜんぶ
金さん、全部おわりました。
김　상　　젬부오와리마시따

jīn xiānsheng, quánbù jiéshù le。
金 先生, 全部 结束 了。
찐 씨앤썽　챈 뿌 지에쑤 러

기본표현

일어서십시오.

Don't give up!

あきらめないでください。
아끼라메나이데쿠다사이

不要 泄气。
búyào xièqì.
부 야우 씨에 치

샤워하겠어요?

Would you like to take a shower?

シャワー浴びますか。
샤 와- 아비마스까

你 想 洗 淋浴 吗?
nǐ xiǎng xǐ línyù ma?
니 썅 씨 린 위 마

Part 13 _ 기타

기본표현

무엇 하고 있습니까?

What do they do?

何 (なに) をしていますか。
나니 오 시 떼 이 마 스 까

nǐ zài gànshénme?
你 在 干什么?
니 짜이 깐 썬 머

그렇게 생각하지는 않습니다.

I don't think so.

そうは思(おも)いません。
소- 와 오 모 이 마 센

wǒ bú nàme xiǎng。
我 不 那么 想。
워 부 나 머 썅

기본표현

그것은 무슨 뜻입니까?

What does that mean?

それはどういう意味ですか。
소레와 도-이우이미데스까

nà shì shénme yìsi?
那是 什么 意思?
나 쓰 썬 머 이쓰

왜 입니까?

Why?

なぜですか。
나제데스까

wèishénme?
为什么?
워이 썬 머

기본표현

과연.

Well, I see.

なるほど。
나루호도

guǒrán rúcǐ。
果然如此。
궈 란 루 츠

이것을 가져도 괜찮겠습니까?

May I have this?

これをもらってもいいですか。
코레오모랏 떼모 이- 데스까

wǒ kěyǐ ná zhège ma?
我 可以 拿 这个 吗?
워 커이 나 쩌거 마

기본표현

네, 물론입니다.

Yes, I'd love to.

はい、もちろん。
하이 모찌론

shìde, dāngrán。
是的，当然。
쓰더 땅란

담배 피워도 됩니까?

May I smoke?

タバコを吸ってもいいですか。
타바꼬오 슷떼모이- 데스까

kěyǐ chōuyān ma?
可以 抽烟 吗?
커이 처우앤 마

Part 13 _ 기타

기본표현

안돼요.

That's impossible.

無理^{むり}です。
무리데스

nà shì bkěnéng de.
那 是 不可能 的。
나 쓰 뿌커녕 더

나는 할 수 있어요.

I can do it.

わたしはできます。
와타시와데끼마스

wǒnéng zuòdào.
我 能 做 到。
워 넝 쭤 따우

응용표현

직업이 무엇입니까?

What is your job[work]?

職業は 何ですか。
쇼꾸교-와 난데스까

你 做 什么 工作?
nǐ zuò shénme gōngzuò?
나 쯔오 션머 꽁쭈오

아르바이트를 찾고 있어요.

I'm looking for a part-time job.

バイトを 探しています。
바이토오 사가시떼이마스

我 在 找 零工。
wǒ zài zhǎo línggōng.
워 짜이 자오 링꽁

응용표현

가지고 가도 좋습니까?

I'd like this to go, please.

持って帰ってもいいですか。
못 떼 카엣 떼 모 이-데스까

我 可以 拿走 吗?
wǒ kěyǐ názǒu ma?
워 커이 나조우 마

당신 마음대로 하세요..

Suit yourself.

勝手にしなさい。
캇떼니 시나사이

你随便。
nǐsuíbiàn。
니쑤이삐엔

단어 Plus

한국어	영어	일본어	중국어
증명서	evidence	証明書 (쇼-메이쇼)	证书 (쩡쑤)
기숙사	dormitory	学生寮 (가쿠세-료)	宿舍 (쑤써)
자유	freedom	自由 (지유-)	自由 (즈여우)
중심	center	中心 (츄-신)	中心 (쭝씬)
사랑	love	愛 (아이)	爱 (아이)
노력	effort	努力 (도리요쿠)	努力 (누리)
독신	single	独身 (도쿠신)	单身 (딴쎤)
결혼	marriage	結婚 (켓꼰)	结婚 (지에훈)
건배	toast	乾杯 (칸빠이)	干杯 (간베이)
여행	travel	旅行 (료꼬-)	旅行 (뤼싱)
여권	passport	旅券 (료캥)	护照 (후자오)
비자	visa	ビザ (비자)	签证 (치엔정)
공부	study	勉強 (뱅쿄-)	学习 (쉬에씨)
계획	plan	計画 (게이가쿠)	计划 (찌화)
겨울방학	winter vacation	冬休み (후유야스미)	寒假 (한찌아)

Part 13 _ 기타

❀ 일본어 오십음도표(五十音圖表)

あ ア a 아	か カ ka 카	さ サ sa 사	た タ ta 타	な ナ na 나	は ハ ha 하	ま マ ma 마	や ヤ ya 야	ら ラ ra 라	わ ワ wa 와	ん ン ng ○
い イ i 이	き キ ki 키	し シ si 시	ち チ tsi 찌	に ニ ni 니	ひ ヒ hi 히	み ミ mi 미	い イ i 이	り リ ri 리	ゐ ヰ i 이	
う ウ u 우	く ク ku 쿠	す ス su 수	つ ツ tsu 쯔	ぬ ヌ nu 누	ふ フ hu 후	む ム mu 무	ゆ ユ yu 유	る ル ru 루	う ウ u 우	
え エ e 에	け ケ ke 케	せ セ se 세	て テ te 테	ね ネ ne 네	へ ヘ he 헤	め メ me 메	え エ e 에	れ レ re 레	ゑ ヱ e 에	
お オ o 오	こ コ ko 코	そ ソ so 소	と ト to 토	の ノ no 노	ほ ホ ho 호	も モ mo 모	よ ヨ yo 요	ろ ロ ro 로	を ヲ o 오	

Part 14

韓·英·日·中 기본 회화

1. 인사말 표현

처음 뵙겠습니다.

How do you do?

初めまして。
하지메 마시떼

chū cì jiàn miàn。
初次见面。
추 츠 찌앤 미앤

안녕하십니까?

How are you?

お元気ですか。
오 겡끼데스까

nǐ hǎo。
你好。
니 하우

1. 인사말 표현

오랜만입니다.

I haven't seen you for a long time.

お久しぶりですね。
오 히사시 부리 데스 네

hǎo jiǔ bú jiàn。
好久不见。
하우 지우 부 찌앤

만나서 반갑습니다.

Nice to see you.

お会い できて うれしいです。
오 아이 데끼떼 우레시이데스

jiàn dào nǐ, hěn gāo xìng。
见到 你, 很 高兴。
찌앤 따우 니, 헌 까우 씽

1. 인사말 표현

내일 또 만납시다.

See you tomorrow.

また明日会いましょう。
마 따 아시따아 이 마 쇼-

míng tiān jiàn。
明天 见。
밍 티앤 찌앤

다음에 또 만나요.

See you later.

じゃあ また 後で。
쟈- 마 따 아또 데

xià cì zài jiàn。
下次再见。
샤 츠 짜이 찌앤

1. 인사말 표현

안녕. 안녕히 가세요.

Good—bye. / See you.

さようなら。/ ごきげんよう。
사 요- 나 라 / 고 끼 겡   요-

zài jiàn。 /　zhù nǐ　jiànkāng。
再见。/ 祝你 健康。
짜이 찌앤 / 쭈 니 찌앤 캉

안녕히 주무세요.

Good night.

お休みなさい。
오 야스미 나 사 이

wǎn ān。
晚安。
완 안

2. 감사의 표현

고마워. / 고맙습니다.

Thank you. / Thanks.

ありがとう。
아 리 가 또-

xièxie。
谢谢。
씨에 씨에

대단히 감사합니다.

Thank you very much.

どうも ありがとうございます。
도- 모 아 리 가 또- 고 자 이 마 스

fēi cháng gǎn xiè。
非常感谢。
페이 창 간 씨에

2. 감사의 표현

여러 가지로 신세를 졌습니다.

Thank you for everything.

いろいろ お世話に なりました。
이로이로 오세와니 나리마씨따

给 您 添 麻烦了。
gěi ní ntiān máfan le。
게이 닌 티앤 마 판 러

천만에요.

You are welcome.

どういたしまして。
도-이따시마시떼

别客气。
bié kèqi。
비에 커 치

3. 사죄의 표현

미안합니다.

Excuse me.

ごめんなさい。
고 멘 나 사 이

duìbuqǐ。
对不起。
뚜이 부 치

죄송합니다.

Excuse me. / Pardon me!

どうも すみません。
도- 모 스미마 셍

duìbuqǐ。 / qǐng yuán liàng。
对不起。/ 请原谅。
뚜이 부 치 / 칭 왠 량

3. 사죄의 표현

괜찮습니까?

Are you all right?

だいじょうぶですか。
다이 죠- 부데스까

méi guān xiba? / bú yào jǐnba?
没关系吧？/ 不要 紧吧？
메이 관 시바 / 부요우 진 바

늦어서 미안합니다.

Sorry[I'm sorry] I'm late.

遅れて すみません。
오꾸레떼 스미마 셍

duì bu qǐ, wǒ lá iwǎn le。
对不起，我 来 晚了。
뚜이부치, 워 라이 완 러

4. 부정·거절의 표현

충분합니다.

That's enough.

もう 十分です。
모- 쥬-분데스

够了。
꺼우 러

지금은 바쁩니다.

I'm busy now.

今は 忙しいです。
이마와 이소가시이데스

我现在忙。
워 씨앤 짜이 망

4. 부정·거절의 표현

선약이 있습니다.

I have an appointment.

せんやく
先約が あります。
센 야꾸가 아리마스

wǒ　yǐjīng　yǒu　yuēhuì。
我 已经 有 约会。
워 이징 여우 웨후이

5. 소개의 표현

저는 김 입니다.

My name is Kim.

私は 金です。
와따시와 김 데스

wǒ xìng jīn。
我姓金。
워 씽 찐

한국에서 왔습니다.

I'm from Korea.

韓国から 来ました。
캉코꾸 까라 키마시따

wǒ shì cóng hánguó lái de。
我是 从 韩国 来的。
워 쓰 충 한궈 라이 더

5. 소개의 표현

친구인 다나카를 소개합니다.

Can I introduce my friend Tanaka?

友人の 田中君を 紹介します。
유-진 노 타나카쿤 오 쇼-카이시 마스

wǒ lái jiè shào yí xiàr wǒ péngyou tiánzhōng。
我来 介绍 一下儿 我 朋友 田中。
워 라이 찌에 싸우 이 쌀 워 펑 여우 티앤 쭝

은행[컴퓨터회사]에서 일하고 있습니다.

I work in a bank [for a computer firm].

銀行[コンピューター会社]に勤めています。
깅 꼬-[콤 뷰 타 가이샤]니 츠또메떼이마스

wǒ zài yínháng(diàn nǎo gōngsī) gōngzuò。
我 在 银行(电脑公司)工作。
워 짜이 인 항 (띠앤 나우 꿍 쓰) 꿍 쭤

6. 권유의 표현

영화를 보러 가지 않겠습니까?

Shall we go to the movies?

えい が   い
映画をみに 行きませんか。
에이가오미니 이끼마 셍까

wǒ men　qù　kàn　diànyǐng,　hǎo ma?
我们 去 看 电影, 好吗?
워 먼　취　칸 띠앤 잉, 하우 마

커피라도 마시지 않겠습니까?

Would you like a cup of coffee?

　　　　　　　 の
コーヒーでも 飲みませんか。
코- 히- 데모 노미마 셍까

wǒmen　hē　bēi　kāfēi,　zěnme yàng?
我们 喝 杯 咖啡, 怎么样?
워 먼　허 뻬이 카페이, 쩐 머 양

6. 권유의 표현

꼭 집에 놀러 와 주십시오.

Please come to visit me.

ぜひ うちに いらっしゃい。
제히 우찌니 이랏 샤이

yídìng yào dào wǒjiāl ái wánr。
一定 要 到 我家 来 玩儿。
이 띵 야우 따우 워 쟈 라이 왈

물 좀 주세요.

Water please.

水を下さい
마스오 쿠타 사이

qǐng gěi wǒ shuǐ
请给我水。
칭게이 웨 쉐이

7. 전화의 표현

여보세요, 이 선생님 계십니까?

Hello, is Mr. Lee there?

もしもし、李さん は いらっしゃいますか。
모시모시 이 상 와 이 랏 샤 이마스까

wéi,　　 lǐ xiānsheng zài ma?
喂，李 先生 在吗?
워이, 찐 씨앤 썽 짜이 마

박 선생님 좀 부탁합니다.

May I speak to Mr. Park?

朴さんを お願いしたいのですが。
박 상 오 오네가이시따이노데스가

qǐng zhuǎn yí xià piáo xiānsheng。
请 转一下 朴 先生。
칭 좐이 쌰 퍄우 씨앤썽

7. 전화의 표현

전화가 왔다라고 전해 주세요.

Please tell her I called.

電話が あったことを お伝えください。
뎅와가 앗따코또오 오쯔따에쿠다사이

zhuǎngào tā, wǒ láiguo diànhuà。
转告 她, 我 来过 电话。
쫜 까우 타, 워 라이 꿔 띠앤 화

나중에 다시 걸겠습니다.

I'll call you back later.

あとで こちらから かけなおします。
아또데 코찌라까라 카께나오시마스

wǒ dāi yíhuìr zài dǎ。
我 待 一会儿 再打。
워 따이 이 훨 짜이 따

8. 길을 묻는 표현

서울에 가고 싶은데요.

I'd like to go to Seoul.

ソウルに行きたいのですが。
서우루니이끼따이노데스가

wǒ xiǎng qùshǒu'ěr。
我 想去 首尔。
워 쌍 취써우얼

이 길로 가면 시청까지 갈 수 있습니까?

Does this street lead to City Hall?

この道は 市庁へ 行けますか。
코노미찌와 시쵸-에 이께마스까

cóng zhèitiáo lù zǒude huà,
从 这条 路 走的 话,
충 쩌탸우 루 쩌우더 화,

kěyǐ dào shìzhèngfǔ ma?
可以 到 市政府 吗?
커이 따우 쓰쩡푸 마

8. 길을 묻는 표현

걸어서 갈 수 있습니까?

Can I walk there?

<ruby>歩<rt>ある</rt></ruby>いて 行けますか。
아루이떼 이께마스까

néng zǒu zhe qùma?
能 走着 去吗?
넝 쩌우 저 취 마

9. 교통기관의 이용

지하철역은 어디입니까?

Where is the subway station?

地下鉄の 駅は どこですか。
ち か てつ   えき
치 까 떼쯔 노 에끼 와 도 꼬 데 스 까

dìtiě zhàn zài nǎr?
地铁站 在 哪儿?
띠 티에 짠 짜이 날

어디서 갈아탑니까?

At which station do I transfer?

どこで 乗り換えますか。
     の か
도 꼬 데 노 리 까 에 마 스 까

zài nǎr huàn chē?
在 哪儿 换 车?
짜이 날   환 처

9. 교통기관의 이용

택시 타는 데가 어디입니까?

Where can I get a taxi?

タクシー 乗り場は どこですか。
타 쿠 시- 노리바와 도꼬데스까

zài nǎr zuò chūzūchē?
在 哪儿 坐 出租车?
짜이 날 쭤 추주처

얼마입니까?

How much is the fare?

いくらですか。
이 꾸 라 데 스 까

duō shao qián?
多少钱?
둬 싸우 치앤

10. 식사 할 때 쓰는 표현

식사하러 가지 않겠습니까?

Shall we go and eat together?

しょくじ
食事に 行きませんか。
쇼쿠지니 이끼마셍까

wǒmen yìqǐ qù chī fàn, hǎoma?
我们 一起 去 吃饭，好吗?
워먼 이치 취 츠판, 하우 마

아주 맛있었습니다. 잘 먹었습니다.

The meal was delicious, thank you.

たいへん おいしかったです。
타이헨 오이시 깟따데스

ごちそうさま。
고찌소-사마

fēicháng hǎochī。 chīde hěnhǎo。
非常 好吃。 吃得 很好。
페이 창 하우 츠. 츠더 헌하

10. 식사 할 때 쓰는 표현

메뉴를 보여 주세요.

Could I have a menu, please?

メニューを 見せてください。
메 뉴- 오미세떼쿠다사이

qǐng gěiwǒ kàn càidān。
请 给我 看 菜单。
칭 게이워 칸 차이딴

디저트로는 뭐가 있습니까?

What do you have for dessert?

デザートには 何がありますか。
데 자- 토니와 나니가아리마스까

tiánshí dōu yǒu shénme?
甜食 都 有 什么?
티앤쓰 떠우 여우 썬머

Part 14 _ 韓·英·日·中 기본회화 261

10. 식사 할 때 쓰는 표현

계산해 주세요.

Check, please.

お勘定を お願いします。
오 칸 죠- 오 오네가이시마스

jiézhàng。 / mǎidān。
结帐。/ 买单。
지에 짱 / 마이 딴

11. 쇼핑할 때 쓰는 표현

어서 오세요.

May I help you?

いらっしゃいませ。
이 랏 샤 이 마 세

huānyíng guānglín。
欢迎光临。
환 잉 꽝 린

저것을 보여 주시겠습니까?

Could you show me that one, please?

あれを 見せて くださいますか。
아 레 오 미 세 떼 쿠 다 사 이 마 스 까

nǐ néng gěi wǒ kànkan nàge ma?
你能 给 我 看看 那个 吗?
니 넝 게이 워 칸 칸 나 거 마

11. 쇼핑할 때 쓰는 표현

얼마 입니까?

How much (is it)?

おいくらですか。
오 이 꾸 라 데 스 까

duō shǎo qián?
多少钱?
둬 싸우 치앤

맛있어요.

Delicious

美味しいです。
오 이 시 이 데 스

tàihǎo chīle
大好 吃了
타이하오 츠러

12. 숙박 할 때

오늘밤 방이 있습니까?

Do you have a room for the night?

こんばん、へやはありますか。
今晩、部屋はありますか。
콤방 헤야와 아리마스까

jīntiān wǎnshang yǒu kòng fángjiānma?
今天 晚上 有 空 房间吗?
찐 티앤 완 쌍 여우 쿵 팡 지앤 마

김입니다. 체크인 부탁합니다.

I'd like to check in. My name is Kim.

金です。チェックインを お願いします。
김 데스 체 꾸 인 오 오네가이시마스

wǒ xìng jīn, wǒyào dēngjì。
我姓 金，我要 登记。
워 씽 찐, 워 야우 떵 지

Part 14 _ 韓·英·日·中 기본회화

12. 숙박 할 때

좀 더 조용한 방은 없습니까?

Do you have any quieter rooms?

もっと 静かな 部屋は ありませんか。
못 또 시즈까나 헤야와 아리마 셍 까

yǒu méiyǒu gèng'ānjìng de fángjiān?
有 没有 更 安静 的 房间?
여우 메이 여우 껑 안 찡 더 팡 지앤

13. 요일·시간의 표현

(지금) 몇 시 입니까?

What time is it (now)?

(今) 何時ですか。
(이마) 난 지 데 스 까

现在几点?
xiànzài jǐdiǎn?
씨앤짜이 지 띠앤

한 시 반입니다. (한 시 삼십 분입니다.)

Half past one.

1時半です。
이찌지 항 데 스

一点半。
yīdiǎnbàn。
이 띠앤 빤

13. 요일·시간의 표현

오늘은 며칠입니까?

What's the date (today)?

今日は 何日ですか。
쿄- 와 난니찌데스까

jīntiān jǐhào?
今天几号?
찐 티앤 지 하우

오늘은 무슨 요일입니까?

What day (of the week) is it today?

今日は 何曜日ですか。
쿄- 와 난 요-비데스까

jīntiān xīngqījǐ?
今天星期几?
찐 티앤 씽 치 지

14. 묻는 표현

성함을 다시 한번 말씀해 주세요.

What was the name again?

お名前を もう一度 お願いします。
오 나마에오   모-이찌도   오네가이시마스

qǐng zài shuō yíbiàn, nínde xìngmíng。
请 再 说 一遍, 您的 姓名。
칭 짜이 쉬 이비앤,   닌더   씽밍

무슨 일을 하고 계십니까?

What do you do?

お仕事は 何を なさっていますか。
오시고또와 나니오 나 삿 떼이마스까

nǐ zuò shénme gōngzuò?
你 做 什么 工作?
니 쭤 썬머 꿍쭤

14. 묻는 표현

언제까지 시간이 있습니까?

Until what time are you open?

何時（なんじ）まで あいていますか。
난지마데 아이테이마스까

nǐ dào jǐdiǎn yǒu kòngr?
你 到 几点 有 空儿?
니 따우 지 띠앤 여우 쿵

화장실은 어디입니까?

Where is the restroom?

トイレは どこですか。
토이레와 도꼬데스까

wèishēng jiān zài nǎr?
卫生 间 在 哪儿?
워이 썽 지앤 짜이 날

14. 묻는 표현

한 번 더 말씀해 주세요.

Could you say that again, please?

もう一度 おっしゃってください。
모- 이찌도 옷 샤 떼 쿠 다 사 이

qǐng zài shuō yíbiàn。
请 再 说 一遍。
칭 짜이 쒀 이비앤

좀 더 천천히 말씀해주세요.

Speak more slowly, please.

もう少し ゆっくり 話してください。
모- 스코시 웃 꾸 리 하나시 시 떼 쿠 다 사 이

qǐng shuō màn yìdiǎnr。
请 说 慢 一点儿。
칭 쒀 만 이 띠 앨

15. 허가·의뢰 표현

담배를 피워도 괜찮겠습니까?

Do you mind if I smoke?

たばこを 吸っても いいですか。
타 바 꼬 오 슷 떼 모 이- 데 스 까

kěyǐ chōuyān ma?
可以 抽烟 吗?
커 이 처우 얜 마

이것을 가져도 괜찮겠습니까?

May I have this?

これを もらっても いいですか。
코 레 오 모 랏 떼 모 이- 데 스 까

wǒ kěyǐ ná zhègema?
我 可以 拿 这个 吗?
워 커 이 나 쩌 거 마

15. 허가·의뢰 표현

부탁이 있습니다만.

Can I ask you a favor?

お願いが あるのですが。
오네가이가 아루노데스가

wǒ kěyǐ qǐng nín bāngge mángma?
我 可以 请 您 帮个 忙吗?
워 커이 칭 닌 빵거 망마

여기서 사진을 찍어도 되겠습니까?

Is it all right to take pictures here?

ここで 写真を 撮っても いいですか。
코꼬데 샤싱오 톳떼모 이-데스까

zài zhèr kěyǐ pāi zhàopiànma?
在 这儿 可以 拍 照片吗?
짜이 쩔 커이 파이 짜우 피앤 마

15. 허가·의뢰 표현

사진을 찍어주시지 않겠습니까?

Could you please take a photo of us?

しゃしん を と
写真を 撮って いただけませんか。
샤싱오 톳떼 이따다께마셍까

qǐng bāngwǒ pāi yìzhāng zhàopiàn, kěyǐma?
请 帮我 拍 一张 照片，可以吗？
칭 빵워 파이 이짱 짜우피앤, 커이마

회사에 전화해 주세요.

Call me at the office, please.

かいしゃ でんわ
会社へ 電話して ください。
카이샤에 뎅와시떼 쿠다사이

qǐng bǎ diànhuà dǎdào wǒ gōngsī。
请 把 电话 打到 我 公司。
칭 빠 띠앤화 따따우 워 꿍스

15. 허가·의뢰 표현

서류를 팩스로 보내주시지 않겠습니까?

Would you fax that document, please?

書類を ファックスで くれませんか。
쇼루이오   팍 쿠스데 쿠레마셍까

láojià, bǎ nàge wénjiàn fā chuánzhēn gěiwǒ。
劳驾，把 那个 文件 发 传真 给我。
라우쨔, 빠 나거 원찌앤 파 촨쩐 게이워

메일로 연락주시겠습니까?

Could you send me a message by E—mail?

メールで 連絡して もらえますか。
메-루데 렌라쿠시떼 모라에마스까

nǐyòng diànzǐ yóujiàn lái liánxì wǒ, hǎoma?
你用 电子 邮件 来 联系 我，好吗?
니 융 띠앤 즈여우찌앤 라이 리앤씨 워, 하우 마

❀ 한국지도

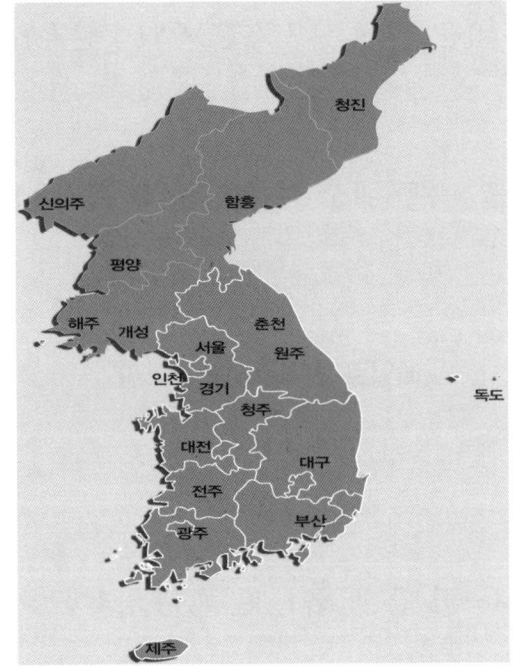

한국경찰 112
구급차 119
전화번호 안내 114

Part
15

韓·英·日·中
중요단어

韓·英·日·中 중요단어

숫자

	한국어	영어	일본어	중국어
0	영	zero	れい	零 링
1	일	one	いち	一 이
2	이	two	に	二 얼
3	삼	three	さん	三 싼
4	사	four	し	四 쓰
5	오	five	ご	五 우
6	육	six	ろく	六 리우
7	칠	seven	しち	七 치
8	팔	eight	はち	八 빠
9	구	nine	く	九 지우
10	십	ten	じゅう	十 스

시간 1

한국어	영어	일본어	중국어
어제	yesterday	きのう 昨日 키노-	zuótiān 昨天 쭤 티앤
오늘	today	きょう 今日 쿄-	jīntiān 今天 찐 티앤
내일	tomorrow	あした 明日 아시따	míngtiān 明天 밍 티앤

韓·英·日·中 중요단어

◉ 시간 2

한국어	영어	일본어	중국어
아침	morning	朝 아사	早上 자오상
점심	afternoon	晝 히루	中午 쭈우
저녁	evening	夕方 유카타	晚上 완상

◉ 요일

한국어	영어	일본어	중국어
일요일	Sunday	にちようび 日曜日 니찌요-비	xīngqīrì 星期日 씽 치 르
월요일	Monday	げつようび 月曜日 게쯔요-비	xīngqīyī 星期一 씽 치 이
화요일	Tuesday	かようび 火曜日 카요-비	xīngqīèr 星期二 씽 치 얼
수요일	Wednesday	すいようび 水曜日 스이요-비	xīngqīsān 星期三 씽 치 싼
목요일	Thursday	もくようび 木曜日 모꾸요-비	xīngqīsì 星期四 씽 치 쓰
금요일	Friday	きんようび 金曜日 킨요-비	xīngqīwǔ 星期五 씽 치 우
토요일	Saturday	どようび 土曜日 도요-비	xīngqīliù 星期六 씽치리우

韓·英·日·中 중요단어

◈ 달

한국어	영어	일본어	중국어
1월	January	いちがつ 一月 이찌가쯔	yīyuè 一月 이 웨
2월	February	にがつ 二月 니가쯔	èryuè 二月 얼 웨
3월	March	さんがつ 三月 상가쯔	sānyuè 三月 싼 웨
4월	April	しがつ 四月 시가쯔	sìyuè 四月 쓰 웨
5월	May	ごがつ 五月 고가쯔	wǔyuè 五月 우 웨
6월	June	ろくがつ 六月 로꾸가쯔	liùyuè 六月 리우웨
7월	July	しちがつ 七月 시찌가쯔	qīyuè 七月 치 웨
8월	August	はちがつ 八月 하찌가쯔	bāyuè 八月 빠 웨
9월	September	くがつ 九月 쿠가쯔	jiǔyuè 九月 지우웨
10월	October	じゅうがつ 十月 쥬-가쯔	shíyuè 十月 쓰 웨
11월	November	じゅういちがつ 十一月 쥬-이찌가쯔	shíyīyuè 十一月 쓰 이 웨
12월	December	じゅうにがつ 十二月 쥬-니가쯔	shíèryuè 十二月 쓰 얼 웨

韓·英·日·中 중요단어

계절

한국어	영어	일본어	중국어
봄	spring	はる 春 하루	chūntiān 春天 춘티앤
여름	summer	なつ 夏 나쯔	xiàtiān 夏天 싸티앤
가을	fall/autumn	あき 秋 아끼	qiūtiān 秋天 치우티앤
겨울	winter	ふゆ 冬 후유	dōngtiān 冬天 뚱티앤

中國 地名

běijīng 北京 뻬이징	shànghǎi 上海 쌍하이	tiānjīn 天津 티앤진	chóngqìng 重庆 충칭
qīngdǎo 青岛 칭다우	guǎngzhōu 广州 꽝저우	shěnyáng 沈阳 썬양	zhāngjiājiè 张家界 짱지아찌에
tiān'ānmén 天安门 티앤안먼	wànlǐchángchéng 万里长城 완 리 창 청	běijīngdàxué 北京大学 뻬이징 따쉐	hǎinándǎo 海南岛 하이난다우
yánbiān 延边 앤비안			

日本 地名

とうきょう 東京 도-쿄-	きょうと 京都 쿄-토	おおさか 大阪 오-사카	ほっかいどう 北海道 홋카이도-
なごや 名古屋 나 고 야	よこはま 横浜 요꼬하마	きゅうしゅう 九州 큐-슈-	ふくおか 福岡 후꾸오카
ふじさん 富士山 후 지 산	しこく 四国 시꼬꾸	ひろしま 広島 히로시마	こうべ 神戸 코우베

韓·英·日·中 중요단어

❊ 화폐

미국 1$(달러)　약 1,000원
일본 1¥(엔)　약 10원
중국 1¥(위안)　약 180원

❊ 중요한 외래어 정리

- コピー(copy 복사)
- カーテン(curtain 커튼)
- アパート(apartment 아파트)
- ニュース(news 뉴스)
- ボール(ball 볼)
- カメラ(camera 카메라)
- コーヒー(coffee 커피)
- コンピューター(computer 컴퓨터)
- テレビ(television 텔레비전)
- タクシー(taxi 택시)
- デパート(department store 백화점)
- ラジオ(radio 라디오)
- ノート(note 노트)
- レポート(report 레포트)
- バス(bus 버스)
- ネクタイ(necktie 넥타이)
- スポーツ(sports 스포츠)
- ワープロ(word processor 워드프로세서)
- テーブル(table 테이블)
- ファックス(FAX 팩시밀리)
- ナンバー(number 번호)

Part 16

韓·英·日·中 필수단어

韓·英·日·中 필수단어

한국어	영어	일본어	중국어
가게	store	店 미세	商店 쌍띠앤
가격	price	価格 카까꾸	价格 찌아거
가이드	guide	ガイド 가이도	导游 따우여우
가정	home	家庭 카때이	家庭 지아팅
가족	family	家族 카조꾸	家属 지아쑤
가을	autumn	秋 아끼	秋天 치우티앤
가수	singer	歌手 카슈	歌手 거써우
간호사	nurse	看護婦 캉고후	护士 후쓰
감	persimmon	柿 카키	柿子 스즈
감기	cold	風邪 카제	感冒 깐마우
감사	thanks	感謝 칸샤	感谢 깐씨에
감자	potato	じゃがいも 쟈가이모	土豆 투또우
김	dry laver	海苔 노리	紫菜 즈차이
건강	health	健康 켕꼬-	健康 찌앤캉
걷다	walk	歩く 아루쿠	走 저우
겨울방학	winter vacation	冬休み 후유야스미	寒假 한찌아

韓·英·日·中 필수단어

한국어	영어	일본어	중국어
견본	sample	見本 미홍	样品 양핀
경찰	police	警察 케-사쯔	警察 찡차
결혼	marriage	結婚 켓꼰	结婚 지에훈
계약	contract	契約 게야쿠	合同 허퉁
계획	plan	計画 게이가쿠	计划 찌화
고기	meat	肉 니꾸	肉 러우
고향	home town	故郷 후루사또	老家 라우지아
공항	airport	空港 쿠우꼬-	机场 지창
공부	study	勉強 뱅-쿄-	学习 쉬에씨
관광	sightseeing	観光 캉꼬-	观光 꾸안꾸앙
구급차	ambulance	救急車 큐큐-샤	救护车 찌우후처
교사	teacher	教師 쿄우시	教师 쨔우쓰
교수	professor	教授 쿄우주	教授 쨔우써우
과일	fruits	果物 쿠다모노	水果 쑤이궈
과학	science	科学 카가쿠	科学 커쉬에
관계	relationship	関係 칸케-	关系 꾸안씨

Part 16 _ 韓·英·日·中 필수단어

韓·英·日·中 필수단어

한국어	영어	일본어	중국어
교과서	textbook	教科書 쿄까쇼	教科书 짜우커쑤
교류	exchange	交流 코-류-	交流 쟈우리우
교육	education	教育 키요이꾸	教育 쨔우위
교통	transportation	交通 코우쓰우	交通 쟈우퉁
교환	change	交換 코-칸	交换 쟈우환
규칙	rule	規則 키소꾸	规则 꾸이저
그림	drawing	絵 에	画 화
글자	letter	文字 모지	文字 원즈
금	gold	金 킨	金 찐
금년	this year	今年 코또시	今年 찐니앤
금지	prohibition	禁止 킨시	禁止 찐즈
기대	expectation	期待 키따이	期待 치따이
기본	basis	基本 키혼	基本 지번
기분	mood	気分 키붕	心情 씬칭
기숙사	dormitory	学生寮 가쿠세-료	宿舍 쑤셔
기회	chance	機会 키까이	机会 지후이

韓·英·日·中 필수단어

한국어	영어	일본어	중국어
길	road	道 미찌	路 루
꿈	dream	夢 유메	梦 멍
끝	end	終わり 오와리	结束 지에쑤
나	I	私 와따시	我 워
너	you	貴方 아나따	你 니
나이	age	年齢 넨레이	年龄 니앤링
내년	next year	来年 라이넹	明年 밍니앤
내용	contents	内容 나이요우	内容 네이룽
노력	effort	努力 도리요쿠	努力 누리
노인	old person	老人 로우진	老人 라우런
누나	older sister	姉 아네	姐姐 제제
눈	snow	雪 유끼	雪 쉬에
남편	husband	夫 옷또	丈夫 짱푸
남녀	man and woman	男女 단죠	男女 난뉘
날씨	weather	天気 텐끼	天气 티앤치

韓·英·日·中 필수단어

한국어	영어	일본어	중국어
대학교	university	大学 다이가꾸	大学 따쉬에
대학원	graduate school	大学院 다이가꾸인	研究生院 앤지우셩왠
대사관	embassy	大使館 타이시깡	大使馆 따스관
담배	tobacco	タバコ 타바꼬	香烟 씨앙이앤
덥다	hot weather	暑い 아쯔이	热 러
도로	road	道 미찌	道 따우
독서	reading	読書 도쿠쇼	读书 두쑤
도서관	library	図書館 토쇼깡	图书馆 투쑤관
독신	single	独身 도쿠신	单身 딴썬
머리	head	頭 아타마	头 터우
맛	taste	味 아지	味道 워이또우
미국	america	米国 베-꼬꾸	美国 메이궈
미술관	galley	美術館 비쥬쯔깡	美术馆 메이쑤관
메뉴	menu	メニュー 메뉴	菜单 차이딴
매일	every day	毎日 마이니찌	每天 메이티앤

韓·英·日·中 필수단어

한국어	영어	일본어	중국어
맥주	beer	ビール 비-루	啤酒 피지우
면세점	duty free shop	免税店 멘제이뗑	免税店 미앤쑤이띠앤
명함	name card	名刺 메이시	名片 밍피앤
무역	trading	貿易 보우에끼	贸易 마우이
무겁다	heavy	重い 오모이	重 쭝
물	water	水 미즈	水 쑤이
박물관	museum	博物館 하꾸부쯔깡	博物馆 부어우관
발	foot	足 아시	脚 쟈우
밤	chestnut	栗 쿠리	栗子 리즈
밥	rice	ご飯 고항	饭 판
복숭아	peach	もも 모모	桃子 타오즈
부모	parents	両親 료신	父母 푸무
백화점	department store	デパート 데파또	百货商店 빠이후어쌍띠앤
버스정류장	bus stop	バス停留所 바스테-류-죠	公共汽车站 꿍꿍치처짠
버스	bus	バス 바스	公共汽车 꿍꿍치처

韓·英·日·中 필수단어

한국어	영어	일본어	중국어
버스	bus	バス 바스	公共汽车 꽁꽁치처
병원	hospital	病院 비요-잉	医院 이위앤
부인	wife	妻 쯔마	夫人 푸런
불	fire	火 히	火 후어
불꽃	flame	花火 하나비	火花 후어화
비	rain	雨 아메	雨 위
비싸다	expensive	高い 타까이	贵 꾸이
비자	visa	ビザ 비자	签证 치엔정
비행기	airplane	飛行機 히꼬우끼	飞机 페이지
빵	bread	パン 팡	面包 미앤빠우
배	pear	梨 나시	梨 리
사과	apple	りんご 링고	苹果 핑구어
사무실	office	事務室 지무시쯔	办公室 빤꽁쓰
사람	people	人 히또	人 런
사랑	love	愛 아이	爱 아이

韓·英·日·中 필수단어

한국어	영어	일본어	중국어
사장	president	社長 샤쬬-	总经理 쭝찡리
사진	picture	写真 샤싱	照片 쯔우피앤
사전	dictionary	辞典 지뗀	词典 츠디앤
서점	bookstore	書店 쇼뗑	书店 쑤띠앤
선생님	teacher	先生 센세이	老师 라우쓰
성공	success	成功 세이코우	成功 청꽁
세금	tax	税金 제-낑	税 쑤이
세계	world	世界 세카이	世界 쓰지에
쇼핑	shopping	ショッピング 쇼핑구	逛街 꽝지에
소풍	picnic	遠足 엔소꾸	郊游 자우여우
소변	urine	小便 쇼-벵	小便 쌰우삐앤
수박	watermelon	すいか 스이카	西瓜 씨과
수영	swimming	水泳 스이에이	游泳 여우융
생선	fish	魚 사까나	鱼 위
생일	birthday	誕生日 탄죠비	生日 썽르

韓·英·日·中 필수단어

한국어	영어	일본어	중국어
시간	time	時間 지깡	时间 쓰지앤
시민	citizen	市民 시밍	市民 쓰민
시장	market	市場 이찌바	市场 쓰창
시계	watch	時計 토께-	手表 써우빠우
시험	test	試験 시껭	考试 카우쓰
식당	restaurant	食堂 쇼꾸도-	餐厅 찬팅
식사	meal	食事 쇼꾸지	(吃)饭 츠 판
신문	newspaper	新聞 심붕	报子 빠우즈
소개	introduce	紹介 쇼-까이	介绍 찌에싸우
술집	bar	酒場 사까바	酒吧 지우빠
쌀	rice	米 코메	大米 따미
아내	wife	妻 츠마	妻子 치즈
아침	morning	朝 아사	早晨 짜우천
아침식사	breakfast	朝ご飯 아사고항	早饭 자오판
안경	eyeglasses	眼鏡 메가네	眼镜 이앤찡

韓·英·日·中 필수단어

한국어	영어	일본어	중국어
아버지	father	父 찌찌	爸爸 빠바
어머니	mother	母 하하	妈妈 마마
인구	population	人口 진꼬-	人口 런커우
인생	life	人生 진세-	人生 런썽
인기	popularity	人気 닝끼	名望 밍왕
이름	name	名前 나마에	名字 밍즈
인형	doll	人形 닝교-	娃娃 와와
입구	entrance	入口 이리쿠찌	入口 루커우
입국	immigration	入国 뉴-꼬쿠	入境 루찡
입학	school admittance	入学 뉴-가쿠	入学 루쉬에
우유	milk	牛乳 기유니유	牛奶 니우나이
오렌지	orange	みかん 미캉	桔子 쥐즈
옷	clothes	服 후쿠	衣服 이푸
유학	study abroad	留学 류-가쿠	留学 리우쉬에
유행	fashion	流行 류-꼬-	流行 리우씽

韓·英·日·中 필수단어

한국어	영어	일본어	중국어
안내소	information office	案内所 안나이쇼	咨询台 즈쉰타이
약국	medicine	薬局 약쿄꾸	药店 야우띠앤
여권	passport	旅券 료껭	护照 후짜우
여동생	younger sister	妹 이모또	妹妹 메이메이
여름방학	summer vacation	夏休み 나쯔야스미	暑假 수찌아
역	station	駅 에끼	车站 처짠
여행	excursion	旅行 료꼬-	旅行 뤼싱
영수증	receipt	領収証 료-슈-쇼	收据 써우쥐
요금표	price list	料金表 료-낑효	收费表 써우페이빠우
왼쪽	left	左 히다리	左边 줘삐앤
오른쪽	right	右 미기	右边 여우삐앤
의사	doctor	医者 이샤	大夫 따이푸
은행	bank	銀行 깅꼬-	银行 인항
음식	food	食べ物 타베모노	食物 쓰우

韓·英·日·中 필수단어

한국어	영어	일본어	중국어
원인	reason	原因 겡인	原因 왠인
점심	lunch	昼食 츄-쇼꾸	午饭 우판
점심때	afternoon	昼 히루	中午 쭝우
전공	major	専攻 셍꼬-	专业 쭈안예
저녁	evening	夕方 유-가따	晚上 완쌍
저녁식사	dinner	夕食 유-쇼꾸	晚饭 완판
전부	all	全部 젬부	全部 취앤뿌
전화	telephone	電話 뎅와	电话 띠앤화
자기	oneself	自己 지꼬	自己 즈지
자식	child	子供 코도모	子女 즈뉘
자유	freedom	自由 지유-	自由 즈여우
작년	last year	昨年 사꾸넨	去年 취니앤
지금	now	今 이마	现在 씨앤짜이
지갑	wallet	財布 사이후	钱包 치앤빠우
지하철	subway	地下鉄 찌까테쯔	地铁 띠티에

Part 16 _ 韓·英·日·中 필수단어 295

韓·英·日·中 필수단어

한국어	영어	일본어	중국어
지도	map	地図 찌즈	地图 띠투
지역	area	地域 치이끼	地区 띠취
진단서	diagnosis	診断書 신단쇼	诊断书 쩐뚜안쑤
진짜	really	本物 홈모노	真货 쩐후어
집	house	家 이에	家 지아
제일	the first	第一 다이이찌	第一 띠이
주말	weekend	週末 슈-마쯔	周末 쩌우무어
주소	address	住所 쥬-쇼	地址 띠즈
주유소	gas station	ガソリン 가소린 スタンド 스탄도	加油站 지아여우짠
조상	ancestor	先祖 센조	祖先 주씨앤
졸업	graduation	卒業 소쯔교-	毕业 삐예
중심	center	中心 츄-신	中心 쭝씬
증명서	evidence	証明書 쇼-메이쇼	证书 쩡쑤
참외	melon	うり 우리	香瓜 시앙과
청년	young man	青年 세이넨	青年 칭니앤

韓·英·日·中 필수단어

한국어	영어	일본어	중국어
청년	young man	青年 세이넨	青年 칭니앤
책	book	本 홍	书 수
친구	friend	友達 토모다찌	朋友 펑여우
축구	soccer	サッカー 삭까-	足球 주치우
출구	exit	出口 데구찌	出口 추커우
출국	departure	出国 슉꼬쿠	出国 추궈
초대	invitation	招待 쇼-따이	招待 쯔우따이
취미	hobbies	趣味 슈미	爱好 아이하우
출생	birth	出生 슛세-	出生 추썽
출석	attendance	出席 슛세끼	出席 추씨
출장	business trip	出張 슛쪼-	出差 추차이
카드	card	カード 카-도	卡 카
커피	coffee	コーヒー 코-히-	咖啡 카페이
특별	special	特別 토꾸베쯔	特别 터비에
특허	patent	特許 톡쿄	专利 쭈안리

韓·英·日·中 필수단어

한국어	영어	일본어	중국어
택시	taxi	タクシー 타꾸시-	出租车 추주처
타다	get on	乗る 노루	坐 쭈어
표	ticket	切符 깁뿌	票 파우
표준	standard	標準 효-숭	标准 뺘우준
포도	grape	葡萄 부도-	葡萄 푸타오
평화	peace	平和 헤-와	和平 허핑
하루	a day	一日 이찌니찌	一天 이티앤
학과	lesson	学科 각까	学科 쉬에커
학교	school	学校 각꼬-	学校 쉬에싸우
학생	student	学生 가꾸세-	学生 쉬에셩
한국	korea	韓国 캉꼬쿠	韩国 한궈
한국대사관	The Korean embassy	韓国大使館 캉꼬쿠타이시깡	韩国大使馆 한궈따스관
항공권	airline ticket	航空券 코-꾸-껭	机票 지파우
현금	cash	現金 갠낑	现金 씨앤찐
형	brother	兄 아니	哥哥 거거

韓·英·日·中 필수단어

한국어	영어	일본어	중국어
형제	brothers	兄弟 쿄-다이	兄弟 씨옹띠
호텔	hotel	ホテル 호테루	宾馆 삔관
후식	dessert	デザート 데저트	点心 띠앤씬
휴가	vacation	休暇 큐-까	休假 씨우찌아
회사	company	会社 카이샤	公司 꿍쓰
희망	hope	希望 키보-	希望 씨왕
화장실	toilet	トイレ 토이레	卫生间 워이썽지앤
환자	patient	患者 칸자	患者 환저
환전	money changer	両替 로-가에	兑换 뚜이환

신념은 산도 움직인다.

Faith will move mountains.

정성이 지극하면 돌에도 꽃이 핀다.

ぐこうやまをうつす。愚公移山

jīngchéng suǒzhì,　　jīnshí　wéikāi。
精诚所至，金石为开。

알아두면 좋은 여행 준비물

1. 여행용 가방의 수화물 기준은 23kg이며, 그 이상은 세금을 내야 합니다.
2. 출발 2시간 전까지 공항에 도착하여 체크인을 해야 하고 배낭이나 작은 가방을 준비하여 짐은 나누고 중요한 것은 기내로 가지고 들어가는 것이 좋습니다.
3. 기내반입금지물품으로 칼, 총, 라이터, 스프레이, 물, 액체류(치약, 화장품, 젤류)는 수화물용 가방에 넣어야 합니다.
4. 복장은 기후에 맞는 간편한 것으로 입고, 편한 신발을 신고 상비약으로 해열제, 소화제 등을 꼭 준비해야 합니다.
5. 전화는 출발 전에 114 콜센터로 문의하여 해외 로밍 서비스를 하면 편합니다.
6. 여권이나 항공권, 지갑은 항상 몸에 지니고 보관에 항상 주의해야 합니다.
   (여권 분실을 대비해 복사본을 따로 보관)
7. 가이드북, 여행회화 책, 필기구, 화장품, 카메라, 세면도구, 수건, 모자, 선글레스 등은 여행 필수품입니다.
8. 면세한도는 미화 600달러 미만입니다.
   (술1~2병, 담배 1~2보루, 향수 2~3개 정도는 가능합니다.)

9. 예약 재확인은 출발시간 72시간 전에 꼭 항공사나 공항카운터로 전화하여 이름, 전화번호, 비행기 편명, 행선지를 말하지 않으면 예약이 취소 될 수도 있습니다.
10. 매일호텔을 나올 때는 팁을 1달러씩 침대 위에 두는 것이 기본 예의 입니다.
11. 미국과 일본은 여행 비자가 필요 없는데, 중국은 여행 비자를 받아야 합니다.

출입국 카드 작성 요령

(1) Family Name 성
(2) First(Given) Name 이름
(3) Birth Date(Day/Mo/Yr) 생년월일(일/월/연)
(4) Country of Citizenship 국적
(5) Sex(Male or Female) 성별(남/여)
(6) Passport Number 여권번호
(7) Airline and Flight Number 항공사/항공편 번호
(8) Country Where you Live 거주중인 국가(한국주소)
(9) City Where You Boarded 탑승한 도시
(10) City Where Visa Was Issued 비자발행도시
(11) Date Issued(Day/Mo/Yr) 발행일
(12) Address While in the United States(Number and Street) 미국체류지 임시 주소
(13) City and State 주/도시 명

맛 팡팡! 4개국어 여행회화

초판 인쇄 2015년 02월 09일
초판 발행 2015년 02월 17일

저　　자 김인현, 김정구, 한증덕
발 행 인 윤석현
발 행 처 도서출판 박문사
책임편집 최인노 · 김선은 · 최현아
등록번호 제2009-11호

우편주소 ⑨ 132-881 서울시 도봉구 우이천로 353 / 3F
대표전화 02) 992 / 3253
전　　송 02) 991 / 1285
홈페이지 http://www.jncbms.co.kr
전자우편 bakmunsa@hanmail.net

ⓒ 김인현, 김정구, 한증덕 2015 All rights reserved. Printed in KOREA

ISBN 978-89-98468-51-4   13700 　　　　　　　　정가 10,000원

* 이 책의 내용을 사전 허가 없이 전재하거나 복제할 경우 법적인 제재를 받게 됨을 알려드립니다.
** 잘못된 책은 구입하신 서점이나 본사에서 교환해 드립니다.